타이거
우즈

선생님도 놀란 인물뒤집기

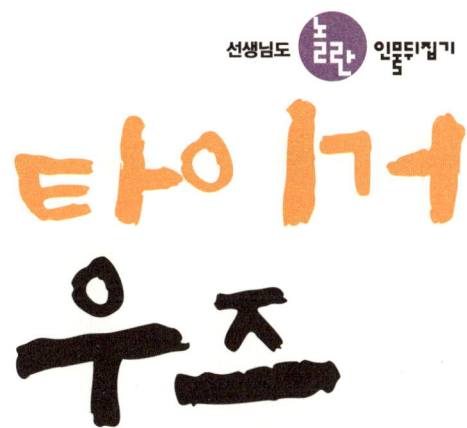
타이거 우즈

제레미 로버츠 지음 | 정지현 옮김

성우 주니어

"스포츠를 초월해서 시대정신을 확립하는 선수야말로 진정한 스포츠 영웅이죠. 20년대의 베이브 루스와 60년대의 무하마드 알리, 90년대의 마이클 조던을 한번 떠올려 보세요. 타이거 우즈가 그들처럼 위대한 선수로 기억될 수 있을까요? 아직은 대답하기에 너무 이릅니다. 하지만 신화는 자라나고 있어요."

| 스포츠 해설자, 밥 코스타스 |

타이거 우즈 Tiger Woods

차례

	머리말	09
01	골프 신동 탄생	15
02	"아빠, 제가 이기고 있어요"	25
03	새로운 신화를 써 보자	47

04	프로로 전향하다	67
05	기대가 현실로	89
06	타이거의 전성기	103
07	타이거 슬램	123

| 머리말

인종 차별의 벽을 넘어
세계 최고의 골프 선수로

미국 캘리포니아에 있는 어느 가정집이었다. 조그만 아이가 유아용 의자에서 미끄러지듯 내려와 차고에 있는 아버지에게 아장아장 걸어갔다. 아버지는 이제 생후 9개월밖에 안 된 아들이 장난감으로 선물 받은 골프채를 들어 올리는 모습을 신기한 듯 바라보았다.

　　아버지와 아들은 지난 3개월 동안 차고에서 많은 시간을 함께 보냈다. 아버지는 어린 아들이 지켜보는 가운데 차고에

◀ 골프 코스에 나온 생후 11개월의 타이거. 사진에서는 왼쪽 손에 골프채를 쥐고 있지만 타이거는 오른손잡이 선수로 성장했다.

1990년에 타이거(왼쪽)가 부모와 함께 포즈를 취했다. 그의 부모는 재능이 뛰어난 아들을 적극 후원해 주었다.

세워둔 네트를 향해 샷을 날렸다.

보통 때 같으면 그 모습을 보고 까르르 웃었을 아이가 왠지 그날은 달랐다. 아이는 아버지가 손수 깎아 만들어 준 골프채를 집어 들더니 뒤뚱뒤뚱 걸어 카펫 위에 있는 공으로 다가갔다. 그리고는 아버지가 했던 것처럼 골프채를 끌어당겨 살짝 흔든 후 마치 전문가인 양 스윙(팔을 길게 펴서 옆으로 휘둘러 치는 기술)을 날렸다. 공은 네트 안으로 들어갔다.

그 모습을 보고 아버지는 흥분했고, 아내를 향해 이렇게 말했다. "우리 아들은 골프 신동이야!"

어쩌다가 공을 잘 친 것일 수도 있다. 아니, 어쩌면 그것은 운명인지도 몰랐다. 또 시간이 지나면 별것 아닌 일이 될 수도 있다. 하지만 이제 겨우 아장아장 걷기 시작한 아이가 티샷(첫 타)을 쳤다는 것은 분명히 예사롭지 않은 일이었다.

그 아이가 바로 타이거 우즈였다. 타이거는 그로부터 20년 후 세계 최고의 골프 선수로 성장했다.

물론 당시만 해도 타이거가 지금처럼 훌륭한 선수가 되리라고는 아무도 예상하지 못했다. 운동 선수로 성공을 거두기란 결코 쉬운 일이 아니다. 아무리 천부적인 재능을 타고난 아이라도 집중력이 부족하거나 살다 보면 뜻하지 않게 불운한 일을 당할 수도 있다. 또 도중에 의욕이 꺾일 수도 있다. 또 한 아이의 성장에 무엇이 이롭고 해로운지 정확히 알 수 있는 것도 아니다.

그런 타이거 우즈 앞에는 다른 골퍼들은 맞닥뜨릴 일이 없는 커다란 장애물이 놓여 있었다. 그의 아버지는 흑인이었고 어머니는 아시아 인이었던 것이다. 1950년대와 1960년대에 들어 공민권 논쟁으로 인종 차별이 크게 줄어들기는 했지만 완전히 없어진 것은 아니었다. 특히 많은 사람들의 노력에도 불구하고 스포츠에서는 그것이 더욱 심했다.

타이거가 태어나 처음 골프채를 집어 들었을 무렵에 야구와 농구, 미식축구에서는 흑인 스타들을 흔히 볼 수 있었다. 하지만 골프에서는 흑인 스타가 단 한 명도 없었다. 흑인 프로 골프 선수는 소수에 불과했다. 실제로 흑인들에게 경기 출전은 물론, 취미로도 골프를 칠 수 없도록 금지하는 골프장이 많았다.

하지만 인종 차별의 벽도 타이거 우즈의 집념을 막을 수는 없었다. 그는 타고난 재능과 노력, 부모님의 든든한 후원 덕분에 모든 장벽을 넘어 세계 최고의 골프 선수가 되었다. 그는 지금 이 시간도 실력을 쌓기 위해 끊임없이 훈련하고 있다.

Tiger Woods

01 골프 신동 탄생

어린 타이거는 사람들의 관심에 익숙해지는 법을 배워야만 했다. '골프 신동' 이라는 말이 어디를 가나 그를 따라다니기 시작했다.

육군 소령 얼 우즈는 대나무 덤불에 몸을 비스듬히 기댄 채 숨 죽이며 서 있었다. 그는 방금 저격병이 쏜 총알을 무사히 피했다. 우즈 소령은 잠시 동안 쥐 죽은 듯 조용히 있었다. 그곳 베트남에서는 벌써 30년 가까이 전쟁이 계속되고 있었다. 1970

◀ 아버지 얼(오른쪽)은 베트남에서 자신의 목숨을 구해 준 퐁 대령의 별명을 따서 아들을 타이거라고 불렀다. 얼과 타이거의 다정한 모습.

년대 초 베트남은 방방곡곡에서 총 소리가 끊이지 않았다.

"우즈, 움직이지 마!" 누군가 크게 외쳤다.

우즈 소령은 그 말을 듣고 자리에서 꼼짝하지 않았다.

"자네 오른쪽 눈에서 5센티미터 떨어진 곳에 살무사가 있어!" 남부 베트남군 브엉 당 퐁 대령이 경고했다.

물리면 생명이 위험한 독뱀이 정말로 우즈 소령의 바로 눈앞에 있었다. 퐁 대령은 그에게 잠시 동안 가만히 있으라고 했다. 조금만 움직이거나 기침 소리나 딸꾹질 같은 소리를 내면 무시무시한 뱀에게 물릴 수 있는 위험한 순간이었다. 마침내 뱀이 다른 곳으로 스르르 사라졌다. 그때서야 우즈 소령은 몸을 움직일 수 있었다.

두 사람은 그 전에도, 그 후에도 여러 번 함께 위험을 이겨 냈다. 훌륭한 군인으로 훈장까지 받은 우즈 소령은 퐁 대령을 특별한 존재로 여겼다. 그래서 그를 베트남의 '타이거' 대령이라고 불렀다. 호랑이처럼 용감무쌍하다는 뜻에서 붙인 이름이었다.

얼 우즈는 1970년에 전쟁으로 파괴된 베트남에서 두 번째 임무를 수행하고 있었다. 당시 미군은 남부 베트남에서 10년 이상 머무르며 북부 베트남 공산당과 맞서고 있었다. 얼 우즈는 육군 특수 부대의 소령이었다. 그의 임무는 남부 베트남군을 도와 북부 베트남을 항복시키는 것이었다. 미국에서는 베트남 전쟁에 반대하는 사람이 많았지만, 얼 우즈를 비롯한 많은 군인들은 그 전쟁으로 공산주의가 더 이상 퍼져 나가지 않을 것이라는 확고한 신념이 있었다.

얼마 후 우즈는 베트남을 떠나 고향으로 돌아왔다. 미국도 곧이어 모든 군대를 철수시켰다. 남부 베트남이 북부 베트남에게 패한 것이었다. 하지만 얼 우즈는 그 후로도 생명의 은인인 타이거 대령을 한번도 잊은 적이 없었다.

엘드릭 '타이거' 우즈

중령으로 승진한 얼 우즈는 1974년에 제대해서 평범한 일반인으로 돌아갔다. 1973년에 태국 출신의 쿨티다 푼스와드(가족과 친구들은 그녀를 '티다'라고 불렀다)라는 여성과 결혼한 그는 미국에 정착하고 싶었다. 얼은 몇 년 전 방콕에 배치되었을 때

타이거는 독실한 불교 신자인
어머니 쿨티다 우즈(사진)로부터 타인을 존중하고, 남에게 베풀어야 한다고 배웠다.

티다를 만났다. 두 사람은 첫눈에 사랑에 빠졌다.

얼은 티다와의 결혼이 두 번째였다. 그는 전 부인과의 사이에 2남 1녀를 두고 있었지만 결국 이혼했다.

얼은 제대하기 몇 달 전 동료에게서 골프를 배울 기회가 있었다. 그러고는 몇 달도 안 되어 골프의 매력에 푹 빠졌다. 원래 경쟁심이 강했던 그는 상대 동료를 이기려고 하루에도 몇 시간씩 연습하곤 했다. 그리고는 마침내 동료와의 시합을 승리로 이끌었다.

그는 제대 후 캘리포니아에 있는 맥도넬 더글러스라는 제법 규모가 큰 회사에 계약 관리자로 취직했다. 그 후에도 골프에 대한 그의 열정은 식지 않았다.

1975년 12월 30일, 얼과 티다의 사이에서 첫 아들이 태어났다. 두 사람은 그 아이의 이름을 엘드릭이라고 지었다. 얼의 앞 글자(E)로 시작하고 쿨티다의 앞 글자(K)로 끝나는 특별한 이름이었다. 나중에 쿨티다는 아들이 평생 동안 부모의 사랑을 잊지 않기를 바라는 마음에서 이름을 그렇게 지었다고 말했다. 얼은 베트남에서 자신의 목숨을 구해 준 퐁 대령을 떠올리면서 아들을 '타이거'라고 불렀다.

천부적인 재능

　이들 부부는 아들을 애지중지하며 길렀다. 얼은 아내의 동양적인 사고방식이 타이거의 성격에 큰 영향을 미쳤다고 말한다. "우리는 타이거에게 부모와 어른을 공경해야 한다고 가르쳤어요. 또 자신의 능력과 감정을 믿고, 남을 생각하고 너그러운 마음을 베풀라고 가르쳤죠."

　타이거는 아버지를 따라 자연스럽게 골프에 관심을 갖게 되었다. 생후 6개월 때부터 차고에서 골프 '연습'을 시작했던 것이다. 사실 얼은 그렇게 일찍부터 아들에게 골프를 가르칠 생각은 없었다. 그냥 자신이 연습할 때 아들을 데리고 갔을 뿐이었다.

　대개 어린아이들은 상체의 힘이 부족해서 근육이 협동 작용을 하지 못한다. 골프에서 근육의 협동 작용은 페어웨이(티와 그린 사이의 구역)로 공을 치는 데 아주 중요하다. 얼에 따르면 어린 타이거는 어렸을 때부터 상체의 힘이 대단했다고 한다. 타이거는 공을 멀리, 높이 치는 스윙법을 익혔다. 그래서 글을 깨우치기도 전에 이미 다른 사람의 회전 자세와 스윙에서

Hole		1	2	3	4	5	6	7
Blue	M:70.0/122 L:75.8/131	379	390	148	513	202	422	504
White	M:68.8/119 L:74.5/128	365	380	129	500	191	407	480
HANDICAP		11	3	17	5	13	1	7
	We							
PAR		4	4	3	5	3	4	5

샷이 기록된 점수판. 얼은 어린 타이거를 위해 새로운 점수 계산법을 만들었다.

잘못된 점을 꼬집어 낼 수 있었다.

어린 타이거는 또래 아이들이 가지고 노는 딸랑이 대신 퍼터(단거리 전용 골프채)를 가지고 놀았다. 걸음마를 익히자마자 타이거는 아버지를 따라서 캘리포니아 사이프러스의 집 근처에 있는 로스 알라미타스의 해군 골프장에 자주 놀러 갔다.

얼은 타이거에게 특수 제작한 골프채를 사 주고, 골프 치는 방법을 가르치기 시작했다. 타이거는 어릴 때 매우 영특했는데, 두 살 때인가 아버지의 사무실로 전화를 걸어, 집에 오면 같이 골프를 치자고 말할 정도였다. 부자는 골프 연습장의 단골이 되었다.

골프에서는 '파'라는 점수를 두고 경쟁하는데, 점수가 낮은 사람이 이기도록 되어 있다. 얼은 타이거가 골프에 더 많은 관심을 갖도록 점수를 재미있게 매기는 방법을 생각해 냈다. 바로 '타이거 파'라는 것이다. 어린 타이거는 타이거 파 덕분에 홀에 공을 넣으려면 샷이 몇 번이나 필요한지 이해할 수 있었다.

타이거는 골프에만 재능이 있는 것은 아니었다. 그는 세 살 때부터 구구단을 외우기 시작했다. 그리고 얼마 지나지 않아 더하기, 빼기, 곱하기, 나누기 같은 기본 연산을 익혔다. 타이거는 어른들이 기뻐하는 모습을 보기 위해서 더 잘하려고 애썼다. 또한, 골프에 놀라운 재능을 보였다.

어린 타이거는 사람들의 관심에 익숙해지는 법을 배워야

만 했다. '골프 신동'이라는 말이 어디를 가나 그를 따라다니기 시작했다.

Tiger Woods

02 "아빠, 제가 이기고 있어요"

타이거는 어린 나이에 대단히 중요한 도전에 성공했다. 처음으로 자신에게 골프를 가르쳐 준 아버지를 이긴 것이다.

아직 세 살도 채 안 된 어린아이가 무대의 옆쪽에서 나와 빠르게 조명 쪽으로 걸어갔다. 타이거는 어리둥절했지만 한 가지만은 확실히 알고 있었다. 바로 무대에서 골프공을 치면 된다는 사실이었다.

◀ 생후 18개월 된 타이거가 활짝 웃는 모습. 몇 개월 후 TV에 출연한 타이거는 놀라운 골프 실력으로 청중을 깜짝 놀라게 만들었다.

TV 토크쇼의 진행자 마이크 더글러스가 미소를 지으며 타이거에게 손을 흔들었다. 그는 청중에게 타이거와 타이거의 아버지를 소개한 후, 타이거가 무대 중앙에 마련된 골프 코스에 설 수 있도록 도와주었다. 타이거는 자신을 위해 특별히 제작된 골프채로 공을 쳤다.

타이거가 친 공은 길게 일직선으로 날아갔다. 완벽한 샷이었다.

진행자는 토크쇼에 게스트로 출연한 유명 코미디언 밥 호프를 불렀다. 평소에 골프에 관한 코미디를 보여 주었던 호프는 어린 타이거에게 윙크를 하면서 내기에 걸 돈이 있는지 물었다. 관중들의 이목이 타이거에게 쏠렸고, 두 사람은 퍼팅(골프에서 그린에 있는 구멍을 향하여 공을 치는 동작) 대결을 하였다. 타이거는 자신의 차례가 되자 다시 한 번 퍼팅을 했다. 그러나 공은 아슬아슬하게 홀컵을 비껴갔다. 그러자 갑자기 타이거가 공을 향해 걸어가더니 손으로 공을 들어 홀컵에 집어넣었다. 관중들은 그 모습을 보고 크게 웃음을 터뜨렸다.

피부색에 대한 사람들의 편견

　타이거는 1977년에 〈마이크 더글러스 쇼〉에 출연한 것 이외에도 어렸을 때 여러 차례 TV 프로에 출연한 적이 있다. 〈댓츠 인크레더블〉 같은 프로도 그 중 하나였다. 시청자들은 어린 꼬마가 조명과 카메라 앞에서도 골프채를 완벽하게 움직이는 모습을 보고 탄성을 자아냈다. 그 귀여운 모습에 모두들 웃음을 터뜨렸다. 안정된 스윙 자세에 감탄하는 사람도 있었다. 하지만 시청자들은 대부분 재주 많은 그 아이가 머지않아 골프와 연예계에 싫증을 낼 것이라고 생각했다.

　그렇지만 타이거는 카메라가 비추지 않는 골프장에서 더욱 열심히 골프 실력을 키워 나갔다. 그런데 타이거가 네 살 되던 해, 해군 골프장은 타이거가 더 이상 연습할 수 없도록 하였다. 그 이유에 대해 관계자들은 타이거가 너무 어리기 때문이라고 했지만, 얼은 자신들이 흑인인 것이 문제가 된다고 생각했다.

　미국의 다른 스포츠나 단체와 마찬가지로 골프 세계에도 소수 민족에 대한 편견이 존재했다. 골프장은 개인 클럽의 소유인 경우가 많았는데, 클럽의 회원이 되어야 골프장을 계속 이용할 수 있었다. 하지만 회원권이 무척 비쌌기 때문에 대부분의 소수 민족들은 구입할 엄두도 못냈다.

회원의 조건도 매우 까다로웠다. 아예 처음부터 흑인을 비롯한 소수민족의 입장을 금지하는 곳도 있었다. 설사 회원이 된다고 하더라도 차별 대우를 받았다. 이들은 늦게야 골프장을 이용할 수 있었기 때문에 마지막 홀에 이르면 깜깜한 밤이 되기 일쑤였다. 이러한 일들은 1960년대 들어와 많이 바뀌긴 했지만, 1970년대 후반까지도 골프장에서는 흑인에 대한 차별이 여전히 존재했다.

해군 골프장은 얼을 비롯한 퇴역 군인들이 이용할 수 있었다. 규칙상 10세 이하의 어린이는 이용이 금지되어 있었다. 하지만 처음에는 이 규칙을 강요하는 사람이 없었다. 그런데 갑자기 클럽 관계자가 타이거의 출입을 금지했다.

흑인과 미국 인디언, 유럽 미국인의 피를 물려받은 얼 우즈는 오랫동안 사람들에게 차별을 받아 왔다. 심지어 군대에 있을 때조차도 그랬다. 처음에 가족과 함께 캘리포니아로 이사했을 때 누군가가 그의 집에 총을 발사한 사건도 있었다. 그리고 골프 클럽의 회원들은 피부색을 빗대어 그를 '갈색 중사'라고 부르기도 했다.

"흑인이 중사 계급까지 올라간 게 아니꼬웠던 거죠." 결국 그는 자신을 차별하는 사람들을 제치고 중령까지 승진했다. 정예 부대 소속으로 목숨을 걸고 두 번이나 베트남 전쟁에 뛰어들었던 것이다. 누구에게나 존경받을 만한 삶이었다. 그러나 주위에는 그와 그의 가족을 싫어하고 여전히 그들에게 마음의 상처를 주는 사람들이 있었다.

"타이거, 인내심을 가져야 한다"

얼은 평생 사람들의 편견에 맞서는 법을 배워야만 했다. 처음에는 대학에서 야구 선수로 활동할 때였고, 그 다음은 육군 장교로 일할 때였다. 그의 인생 철학은 '인내심'이라는 한 단어로 똘똘 뭉쳐 있었다. 쿨티다의 생각도 비슷했다. 두 사람은 타이거에게 인내심을 가르쳤다.

타이거는 자신이 여러 인종과 다양한 문화의 영향을 받았다고 생각했다. 그는 아버지 쪽의 아프리카, 유럽, 미국 인디언

골프계는 흑인을 싫어한다?

　1970년대 초까지만 해도 미국 프로 골프 협회(PGA)의 규칙상 소수민족 출신의 골퍼들이 주요 경기의 출전권을 따내기란 몹시 힘든 일이었다. 리 엘더는 1975년에 흑인으로서 처음으로 마스터스 대회(세계 4대 골프 대회의 하나)에서 승리했다. 하지만 타이거 우즈가 자주 강조하는 것처럼 그가 등장하기 이전에도 훌륭한 흑인 선수는 많았다. 초기에 PGA에 출전한 흑인 선수들을 살펴보면 다음과 같다.

　짐 덴트 선수는 PGA 투어에서 좋은 성적을 올리지는 못했다. 하지만 나이 많은 골퍼들이 출전하는 개별 경기인 시니어 투어에서는 스타로 떠올랐다. 그는 1989년 이후, 총 500만 달러(약 50억 원)가 넘는 상금을 받았으며 10회 이상 승리했다.

　사람들에게 리 엘더라고 알려진 **로버트 리 엘더** 선수는 역사상 가장 뛰어난 골프 선수 중 한 명으로 손꼽힌다. 흑인 선수로는 최초로 마스터스 대회에 출전한 것으로 잘 알려진 그는 PGA 투어에서 100만 달러(약 10억 원)가 넘는 우승 상금을 받았다. 또 1968년, 골프 클래식에 출전한 첫 해에 결승전에서 만난 잭 니클라우스와 팽팽한 접전을 벌인 것으로도 유명하다. 이 대회에서 니클라우스는 다섯 번째 홀에서 겨우 엘더를 약간 앞지를 수 있었다.

　캘빈 피트는 1970년대 프로에 입문한 후 30대 초반에 들어서야

PGA 투어에 전업으로 뛰어들었다. 젊은 시절 팔꿈치가 부러졌고 여러 가지 병을 앓았지만, 12개의 경기에서 우승했고, 유럽에서 개최되는 미국과 유럽의 골프 대회인 라이더 컵에서도 두 번이나 우승했다. 그가 PGA 투어에서 벌어들인 돈은 230만 달러(약 23억 원)가 넘는다.

찰리 시포드(사진)는 1960년에 흑인으로서는 최초로 PGA 투어에 출전했다. 그는 1967년에는 그레이터 하트포드 오픈, 1969년에는 로스앤젤레스 오픈 등에서 우승했다. PGA 투어로 벌어들인 돈은 34만 1,344달러(약 3억 4,000만 원)였으며, PGA 시니어 투어에서는 놀라운 성공을 거두었다. 그는 자신의 삶과 인종 차별을 극복하기 위한 노력의 과정을 《경기에 나갈 수 있게만 해 줘》라는 책에 담았다.

혈통을 소중하게 여겼다. 또한, 어머니가 물려준 아시아의 혈통도 친근하게 느껴졌다. 그는 그러한 다양한 문화의 모습이 모두 자신에게 녹아 있다고 생각했다. 그래서 코카서스 인과 흑인, 인디언, 아시아 인의 피가 섞였다며 이 단어들을 한데 섞어 자신을 '캐블리네이시언'이라고 불렀다.

몇 년 후 그는 한 인터뷰에서 이렇게 말했다. "중요한 것은 제가 미국인이라는 사실입니다. 전 그 사실이 너무나 자랑스러워요."

골프계의 모차르트

우즈 부자는 흑인이라는 이유로 골프장 출입을 금지당했지만, 거기서 결코 좌절하지 않았다. 타이거의 어머니는 아들을 위해 다른 골프장을 찾아보기로 했다. 얼마 후 집에서 약 24킬로미터 떨어진 롱비치에 있는 하트웰 골프 파크라는 곳을 찾아갔다. 그 골프장의 강사 루디 듀란은 타이거의 실력을 직접 보여 달라고 부탁했다.

"너무 놀라서 말이 나오지 않았어요. 제 눈을 의심했습니

타이거와 아버지는 항상 사이가 좋았다.
타이거는 아버지를 통해 어떤 장애물이 나타나도 참고 이겨내는 법을 배웠다.

다. 정말 굉장한 꼬마였죠. 공을 치기 전의 준비 자세도 완벽했고, 스윙해서 공을 내려치는 자세도 완벽했죠. 저는 그 아이가 모차르트 같다는 생각이 들었습니다."라고 그는 말했다.

듀란의 평가는 매우 정확했다. 볼프강 아마데우스 모차르트는 성인이 된 후에 오페라를 비롯해 유명한 곡을 많이 작곡했다. 어렸을 때인 18세기 중반에는 유럽 왕실에서 하프시코드 같은 악기를 연주했다. 당시 모차르트는 음악 애호가들 사이에서 유명했다.

네 살짜리 꼬마가 골프채를 자유자재로 휘둘러서 공을 치는 모습에 감탄한 듀란은 바로 승낙하고 그때부터 타이거를 가르치기 시작했다. 그는 아버지 얼이 했던 것과 마찬가지로 각 홀마다 타이거의 실력에 맞춰 타이거 파를 정해 놓았다. 타이거는 겨우 네 살이었지만 타이거 파는 전체 코스로 볼 때 어른들보다 열세 타밖에 더 높지 않았다. 그러나 이마저도 다섯 살 때에는 여덟 타 차이로 좁혔다. 또 작은 몸집에 맞게 특수 제작된 골프채 세트를 사용하게 되었다. 그의 골프 실력은 아버지나 듀란 코치 같은 훌륭한 스승과 함께 연습하면서 나날이 발전해 갔다.

"아버지 덕분에 골프 연습이 정말 즐거웠어요. 골프를 향한 애정과 기쁨이 있었기 때문에 하나도 힘들지 않았어요." 나중에 타이거는 이렇게 말했다.

타이거의 아버지는 어떻게 보면 해군 골프장에서 쫓겨난 것이 오히려 잘된 일이라고 여겼다. 그는 그 덕분에 타이거가 하트웰 골프장에서 제대로 실력을 쌓을 수 있었다고 생각했다. 그리고 그곳에서 기본 실력을 탄탄히 쌓은 것이 타이거의 골프 인생에 커다란 도움이 되었다.

"달갑지 않은 일이 예상치도 않게 인생을 바꿀 수 있다니 정말 놀라워요."라고 얼은 말했다.

주니어 선수권 대회

미국의 스포츠에는 아이들을 위한 경기가 있다. 야구에는 처음에 T-볼(야구에 입문하려는 어린아이들을 위한 경기)이 있었고, 그 다음에는 리틀 리그가 생겼고, 미식축구에는 팝 워너가 있다. 그리고 골프에는 전국에서 열리는 주니어 선수권 대회가 있다.

미국 주니어 골프 협회는 비슷한 연령대의 골퍼들을 위한 전국 대회를 후원하고 있는데, 각 대회마다 경쟁이 아주 치열

타이거는 샌디에이고에서 열린 주니어 월드 토너먼트에서 우승한 뒤, 전국의 수많은 대회에서 우승을 거두었다.

하다.

　타이거는 네 살 때 남부 캘리포니아 주니어 골프 협회에 가입했다. 가장 어린 연령대가 10세 미만(9~10세)이었기 때문에 타이거는 자기보다 훨씬 더 큰 형들과 겨뤄야 했다. 첫 승리는 네 번째로 출전한 시합에서 열 살짜리 형과 대결하여 이긴 것이었다.

　이미 타이거와 부모는 골프를 삶의 일부로 받아들이고 있었다. 부모는 타이거가 시합에 전념할 수 있도록 적극적으로 도와주었다. 시합에 출전하려면 참가비도 내야 했고, 집에서 멀리 떨어진 곳에서 시합이 열리는 날에는 새벽에 일어나서 준비해야 하는 일도 많았다. 얼은 언젠가 이런 일도 있었다고 말했다. "타이거는 알람이 울리면 아무런 불평도 없이 일어났어요. 그날은 자동차로 한 시간 삼십 분이나 떨어져 있는 곳에서 시합이 있었는데, 제가 새벽 4시에 눈을 떠 보니 아내와 아들은 벌써 일어나서 준비를 하고 있었지요."

　타이거는 주말과 여름에 열리는 시합에서 좋은 성적을 거두었다. 하지만 물론 시합에서 질 때도 있었다. 초등학교 2학년 때는 전 세계 아이들과 겨루는 세계 대회에서 우승을 차지하기도 했다. 연습과 대회를 통해 그의 실력은 나날이 좋아졌다.

성장하면서 타이거의 골프 재능은 더 확연하게 드러났다. 얼 우즈는 아들에게 "컨트리 클럽 회원으로 소속된 아이들만큼 골프로 성공할 수 있는 기회를 많이 만들어 주겠다."고 약속했다. 하지만 간단하게 연습하고, 대회에 참가하는 것만 해도 돈이 무척 많이 들었다. 타이거의 부모는 아들을 주니어 대회에 출전시키는 데 여행비를 포함해서 1년에 2만 5,000달러(약 2,500만 원)에서 3만 달러(약 3,000만 원) 정도의 비용을 들였다. 타이거의 집은 부자가 아니었고, 당시 타이거는 상금으로 받는 돈이 전혀 없었다. 그래서 그의 부모는 평소에 근검절약하면서 저축한 돈이나 은행에서 대출받은 돈으로 여행비를 마련했다. 쿨티다는 시합이 열리는 곳마다 아들을 데리고 다녔다. 아들이 열세 살이 되기 전에 얼은 다니던 직장인 맥도넬 더글러스에서 일찍 퇴직하기로 결심했다. 전국에서 열리는 주니어 골프 대회에 아들과 아내를 데리고 다니기 위해서였다.

타이거는 네 살 때 남부 캘리포니아 주니어 골프 협회에 가입했고, 자신보다 나이가 훨씬 많은 사람들과 겨루었다.

공부도 열심히, 골프도 열심히

중학교에 올라간 타이거에게는 골프 말고도 중요한 것들이 많았다. 그의 부모는 운동 때문에 공부를 게을리 해서는 안 된다고 늘 말했다. 타이거는 야구를 하지 않는 대신 골프에 집중할 수는 있었지만, 골프 때문에 공부를 게을리 할 수는 없었다. 무엇보다 공부가 가장 중요했다.

타이거는 골프를 치는 것 이외에 보통 아이들과 똑같은 생활을 했다. 오락과 탁구를 즐겼고, 동네에서 자전거를 탔으며 친구들과 어울려 놀았다. 또 친구들과 집 근처에 있는 주차장에서 축구를 하면서 놀기도 했다. 타이거는 달리기도 무척 잘했는데, 한 시즌 동안 크로스 컨트리(경기장의 트랙이 아니라 숲이나 들판 등지에서 육상, 사이클, 경마 등을 겨루는 근대 5종 경기의 하나) 팀에서 뛰기도 했다.

아버지를 이기다

타이거의 실력은 시간이 지날수록 점점 늘어만 갔다. 자라면서 키와 몸무게도 함께 늘었기 때문에, 이제는 작은 덩치에 맞게 골프채를 자를 필요도 없었고, 매번 샷을 할 때마다 티를 사용할 필요도 없었다. 또 타이거의 실력이 하루가 다르게 늘 수 있었던 것은 무엇보다 경기를 분석하고, 쉬지 않고 열심히 연습해서 얻은 결과였다.

남자 아이들은 자라면서 끊임없이 아버지와 자기 자신을 비교한다. 아버지와 자신의 능력을 계속 비교하면서 아버지를 능가하려고 한다. 그리고 결국 아버지를 능가하게 되면 '어른'이 되기 위한 통과의례를 거치게 된다. 그런데 타이거에게는 이미 자신과 아버지를 비교할 수 있는 방법이 있었다. 바로 골프였다.

타이거는 언젠가 자신이 아버지를 이길 수 있을 거라고 생각했다. 아버지는 골프 실력이 뛰어난 편이었다. 게다가 경쟁심이 강해서 쉽게 포기하는 성격도 아니었다. 하지만 얼 역시 언젠가는 아들이 정정당당하게 자신을 이길 날이 오기를 고대하고 있었다.

결국 그날은 오고야 말았다. 1987년 11월, 타이거가 열두 번째 생일을 앞둔 어느 날이었다. 얼과 타이거는 롱비치의 해군 골프장으로 평소 알고 지내던 몇몇 사람들과 함께 골프를

열두번 째 생일을 앞두고 타이거는 자신에게 골프를 가르쳐 준 아버지를 이겼다.

치러 갔다. 아홉 번째 홀까지는 막상막하였다. 그런데 타이거가 14번 홀에서 1언더파(규정 타수보다 낮은 점수), 즉 버디(홀의 규정 타수보다 1타 낮은 점수로 공을 넣는 것)를 기록해서 아버지와 동점이 되었다. 두 사람은 15번 홀과 16번 홀에서도 점수가 비슷했다. 그런데 17번 홀에서 타이거가 두 번째 샷으로 또 다시 버디를 기록했다. 얼은 세 번째 샷으로 공을 넣었다. "아빠, 제가 이기고 있어요."라고 타이거가 말했다.

결국 그 라운드는 타이거가 한 타 앞선 채로 끝났다. 타이거는 아버지를 앞서기는 했지만, 세계의 최고 골퍼들과 겨루려면 아직도 갈 길이 멀었다. 아직까지는 시합이 있을 때마다 부모와 함께 가야 했다. 하지만 지금 타이거는 어린 나이에 대단히 중요한 도전에 성공했다. 처음으로 자신에게 골프를 가르쳐 준 아버지를 이긴 것이다. 타이거 우즈는 이제 막 홀로서기를 시작했다.

골프의 기본 상식

골프의 목적은 아주 간단하다. 골프채를 이용해서 공을 조그만 홀(구멍, '컵'이라고도 한다)에 집어넣는 것이다. 골프의 기본은 쉽게 익힐 수 있지만, 기술을 완벽하게 연마하려면 평생이 걸릴 수도 있다.

선수들은 공을 칠 때마다 타수로서 점수를 기록하게 된다. 가장 낮은 타수를 기록하는 사람이 이긴다. 공을 친 후 공이 멈출 때까지 기다렸다가 홀의 끝에 있는 컵에 들어갈 때까지 다시 친다. 홀이라는 말은 조그만 구멍인 컵과, 컵으로 이어지는 주변의 경기 구역 모두를 뜻한다.

일반적으로 골프장은 열여덟 개의 홀로 되어 있지만 9홀이나 27홀, 36홀로 된 골프장도 있다. 한 라운드는 대개 18홀이다. 대개 프로 경기는 18홀로 구성된다. 총점이 가장 낮은 사람이 이긴다.

시작 구역에서 티샷을 날림으로써 경기가 시작된다. 몇 백 미터 멀리 떨어진 컵에 공을 넣는 것이 목적이다. 컵은 부드러운 잔디로 된 지역인 '그린'에 있다. 공은 '퍼트'라고 하는 골프채로 부드럽게 샷을 하여 홀컵에 넣는다. 시작 구역과 그린 사이에는 긴 '페어웨이'(잔디를 잘 깎아 놓은 코스 가운데 구역)가 있다. 페어웨이는 잔디가 짧아 공을 치기가 수월하다. 잔디가 긴 구역은 '러프'(페어웨이를 벗어난 코스의 구역)라고 하는데, 일반적으로 페어웨이 양쪽 옆에 위치한다.

러프는 잔디의 키가 크고, 주변에 나무 같은 장애물이 많기 때문에 공을 제대로 치기가 어렵다.

공을 잘못 쳐서 그린 주변에 있는 '트랩' 혹은 '벙커'로 들어가면 경기는 힘들어진다. 벙커는 모래로 되어 있거나 지면이 울퉁불퉁하다. 벙커에서 공을 치려면 대단히 뛰어난 기술이 요구된다. 공을 벙커에서 들어 올려서 모래를 벗어나야 한다. 너무 세게 칠 경우 다른 해저드(코스 내에 있는 물웅덩이, 모래밭 등)로 빠질 수 있다. 공이 물웅덩이나 나무가 있는 곳에 떨어지면 상황은 더욱 힘들어진다. 공을 그 지역에서 빼내지 못하면 점수에 '패널티 샷'이 주어진다.

각 홀의 전체적인 모습, 그러니까 티, 페어웨이, 그린은 홀마다, 코스마다 똑같다. 하지만 각 홀의 모양은 크게 차이가 난다. 티에서 컵까지의 거리도 마찬가지이다. 선수들은 골프장에 산재해 있는 다양한 난관을 헤쳐 나가야 한다.

건축가들은 각 홀마다 뛰어난 실력을 갖춘 사람을 기준으로 티에서 컵까지 몇 타가 필요한지를 고려해서 골프장을 설계한다. 그 숫자를 '파'라고 한다. 각 홀마다 파로 선수들의 실력을 평가할 수 있다. 보통 각 홀의 파는 골프장의 크기에 따라 3~5이다. 대부분의 경우 프로 골퍼들은 그린에 도달한 후 두 번의 퍼트로 공을 홀에 넣어야 한다.

Tiger Woods

03 새로운 신화를 써 보자

나이 많은 백인 선수들이 대부분이었던 골프계에 혜성같이 나타난 젊은 흑인 선수! 타이거는 이미 스타나 마찬가지였다.

열여덟 살의 타이거 우즈는 플로리다의 폰트 베드라 비치에 있는 소그래스 골프장에서 심호흡을 하며 티샷을 치기 위해 걸어갔다. 미국 아마추어 선수권 대회의 마지막 라운드였다. 경쟁이 매우 치열했다. 타이거는 3라운드에서 플로리다 게이터스

◀ 1994년, 미국 아마추어 선수권 대회에서 처음으로 우승한 타이거가 우승 트로피를 들고 있다. 그는 1995년과 1996년에도 연속으로 우승하는 기록을 세웠다.

대학의 골프 코치인 버디 알렉산더와 대결하게 되었다. 18홀 중에서 후반 9홀에 이르렀다. 갤러리(골프 시합을 관전하러 온 관중을 뜻하는 말)들 중에는 인종 차별주의자들도 있었다. "사람들이 깜둥이하고 대학 코치 중에 누굴 응원할지는 당연한 거 아니야?"라고 비웃는 소리도 들렸다.

하지만 이에 동요하지 않고 꿋꿋하게 경기에 열중한 타이거는 3라운드와 다음 라운드에서 승리를 거두었다. 결승전에서는 친구인 트립 퀴네와 겨루게 되었다. 타이거보다 네 살 많은 퀴네는 이전 경기에서 일찌감치 선두를 기록했다. 타이거는 오후 경기에 들어갈 때 네 타 차로 뒤지고 있었다.

하지만 타이거는 상대 선수를 충분히 앞설 수 있다고 생각했다. 타이거는 티 쪽으로 걸어가 마지막 18홀을 시작했다. 아버지가 아들을 잡고 살짝 옆으로 당기면서 말했다. "아들아, 우리 한번 새로운 신화를 써 보자."

타이거는 고개를 끄덕이며 공을 향해 칠 자세를 취했다. 그것은 짧지만 인상적인 격려의 말이었다. 하지만 처음에는 그 말이 별 효과가 없는 듯했다. 타이거는 처음 여섯 개 홀에서 다섯 타를 뒤졌다. 그런데 퀴네가 조금씩 기가 꺾이기 시작했다. 타이거는 기회를 놓치지 않고 대담한 샷을 시도하여 결국 성공했다. 매 홀마다 열심히 싸운 끝에 퀴네와 동점을 이루며 열여섯 번째 홀을 끝마쳤다.

소그래스 골프장의 열일곱 번째 그린의 홀(구멍)은 물 웅덩이와 무척 가까운 곳에 있었다. 이런 경우 골퍼들은 대부분 공을 안전하게 물웅덩이의 반대편으로 옮기려고 시도하는데, 그러기 위해서는 최소한 한 번 이상 공을 쳐야 한다. 즉, 골퍼들은 티(공을 올려 놓는 자리. 보통은 코스가 시작되는 지점)에서 홀까지 공을 날리는 것은 불가능하다고 생각한다.

우즈는 피칭 웨지(골프채의 한 종류)를 골라 부드럽게 페이드 샷(목표를 향해 똑바로 날아가던 공이 끝에 가서 오른쪽으로 약간 휘는 것)을 날렸다. 공중으로 높이 솟아오른 공은 잠시 그대로 멈춰 물로 떨어질지, 그린으로 떨어질지 고민하는 것처럼 보였다. 만약 물로 떨어진다면 게임은 끝난 것이나 다름없다. 타이거는 패널티(벌점) 샷이 되어 뒤처지게 될 것이 뻔했다. 하지만 공이 그린으로 떨어지면 상대 선수를 크게 앞지를 수 있었다.

공은 잔디 위로 떨어져서 튀어 나갔다. 공은 물에서 40센티미터도 떨어지지 않은 곳에 멈추었다. 여전히 잔디 위에 있는 상태였다. 아들의 친구에게 승리를 내준 퀴네의 아버지는 나중에 그 샷을 두고 '하나님의 간섭'이라고 표현했다.

최고의 코치들

타이거는 미국 아마추어 대회에서 최연소 우승자가 되었다. 아직 열여덟 살에 불과했지만 이미 수많은 대회에서 승리한 전적이 있었다. 1991년 열다섯 살에는 미국 주니어 아마추어 대회에서 우승했고, 1992년에도 우승하여 최초로 연속 2회 우승 기록을 세웠다. 또한, 1993년에도 우승하여 연속 3회 우승이라는 전례 없는 기록을 남겼다. 누가 보더라도 그는 이미 훌륭한 골프 선수였다.

그것은 우연이 아니었다. 타이거는 타고난 실력에 피나는 노력을 더했다. 또 훌륭한 코치들에게 지도를 받았다. 아버지와 루디 듀란을 비롯한 훌륭한 코치 덕분에 골프에 대한 감각을 한층 더 발전시킬 수 있다. 듀란 선생님이 다른 직업을 구하

타이거는 십대 시절에 부치 하몬(왼쪽) 코치에게서 골프를 배웠다. 하몬 코치는 타이거가 일관되고 정확한 스윙을 날릴 수 있도록 도와주었다.

기 위해 남부 캘리포니아를 떠난 후에는 캘리포니아 헌팅턴 비치에 있는 메도우라크 골프 클럽의 수석 코치인 존 안셀모가 타이거에게 스윙을 가르쳤다. 안셀모 코치는 힘을 더해서 치면서도 공이 오른쪽에서 왼쪽으로 휘어지지 않도록 하는 스윙법을 가르쳤다.

　타이거는 미국 최고의 스윙 코치 중 한 명인 클라우드 부치 하몬에게서도 도움을 받았다. 하몬은 타이거가 가장 존경하는 골퍼인 그렉 노먼을 비롯해 역대 최고의 골퍼들을 가르쳤다. 하몬 코치는 타이거가 좀더 정확하고 안정감 있게 경기할 수 있도록 스윙 실력을 다듬어 주었다.

　"저는 타이거의 샷을 관찰한 후, 더 안정감 있는 샷을 구사할 수 있도록 제안했죠. 별 것 아닌 제안이었지만, 타이거는 그로 인한 변화가 마음에 들었던 것 같아요."라고 하몬은 말한다. 하몬은 타이거의 경기 모습이 담긴 비디오를 분석하여 바로 잡아주고 전화로도 지도를 해 주었다. 골프 기자 팀 로사포트는 하몬은 타이거에게 "공이 어디에서 시작하지?"라고 질문을 던지기만 해도 타이거의 스윙 방향을 알 수 있었다고 말했다.

　타이거가 아마추어 선수권 대회에서 우승할 수 있었던 것도 하몬이 전화로 코치해 준 내용을 잘 활용한 덕택이었다. 타이거는 대회 기간에 하몬이 전화로 코치해 준 내용을 그 즉시 경기에 반영했다.

타이거의 코치들은 골프 기술을 발전시키는 것 말고도 타이거에게 많은 도움을 주었다. 해군 대령이자 임상 심리학자인 제이 브룬자는 타이거의 아버지와 골프 친구였다. 그는 심리적인 부분에서 타이거를 많이 도와주었으며, 가끔 타이거와 함께 골프를 치거나 캐디 역할을 해 주었다. 그는 타이거가 경기에 집중하고, 날카로운 판단력을 기를 수 있도록 도와주었다. 운동 선수에게 이 두 가지 능력은 매우 중요하다. 또 타이거는 휴식을 취하는 법과 격려의 말이 담긴 테이프를 열심히 들은 덕분에 자신감과 집중력을 기를 수 있었다.

성공을 향한 돌진

타이거는 열 살 즈음에 벌써 자신의 진로를 결정했다. 그는 프로 골프 선수가 되고 싶었다.

타이거는 주니어 선수 시절에 인터뷰에서 "저는 PGA 투어에 진출해서 마음껏 재량을 펼쳐보고 싶습니다."라고 말했다. 타이거는 학교 성적도 매우 우수했고, 학업도 계속 이어 나가고 싶었다. 벌써 대학에서 전공하고 싶은 과목까지 정해 놓았다.

타이거의 고등학교 시절은 눈 깜짝할 사이에 지나갔다. 타이거는 방학과 주말, 방과 후에도 골프 연습에 몰두했다. 그의 손에는 항상 골프채가 쥐어 있었다. 심지어 거실에서도 테이블 너머로 샷을 쳤다. 공을 잘못 쳐서 어머니가 아끼는 크리스털 그릇을 깰까 봐 항상 정확하게 치기 위해 신경 썼다.

타이거는 골프에 몰두하는 것 외에 공부도 열심히 했고, 노는 일도 열심히 했다. TV 만화 연속극인 〈심슨 가족〉을 좋아했고, 프로 레슬링 경기를 녹화해 두었다가 보기도 했다. 보통 청소년들처럼 맥도날드 같은 패스트푸드 점을 좋아했다. 고등학교 시절에는 다행히 별로 인종 차별을 겪지 않았다. 아버지 얼은 "타이거 주위에는 항상 백인 친구들이 따라 다녔어요."라고 말한다. 1학년 때 타이거는 애너하임에 있는 웨스턴 고등학교 골프 팀의 일원이 되었다. 코치와 팀원들은 그의 재능이 뛰어나다는 사실을 다시 한 번 확인했다. 타이거는 열일곱 살 때, 미국 아마추어 선수권 대회에서 세 번 우승했을 뿐 아니라, 매년

◀ 타이거는 이미 고등학생 때 주니어 아마추어 대회에서 우승하고 선수상까지 받은 뛰어난 골프 선수였다.

전국에서 가장 뛰어난 고등학생 운동 선수에게 주어지는 다이얼 상을 받았다.

하지만 주니어 시절에 잘 나가던 골프 선수라 하더라도 대학생 이상만 되면 별 볼일 없이 잊혀지는 경우가 많았다. 아직 타이거는 가야 할 길이 멀었다.

고향 같은 스탠퍼드 대학

고등학교 졸업을 앞둔 타이거는 동료들에게는 부러움의 대상이었다. 대학 코치들이 그를 스카우트하려고 찾아왔다. 그들은 장학금을 지급하는 것은 물론, 훌륭한 코치에게 지도받고 시설 좋은 골프장에서 연습할 수 있도록 해 주겠다고 제안했다.

결국 타이거는 2개의 대학을 두고 고민하게 되었다. 바로 라스베이거스에 있는 네바다 대학과 캘리포니아에 있는 스탠퍼드 대학이었다. 네바다 대학을 견학한 타이거는 훌륭한 코치와 시설에 좋은 인상을 받았다.

그는 스탠퍼드 대학도 견학했다. 그곳의 골프 코치 윌리 굿윈은 이전부터 『스포츠 일러스트레이티드』에 조그맣게 실린 타

스탠퍼드 대학 골프 팀. 뒷줄 왼쪽에서 네 번째가 타이거 우즈.

이거의 기사를 본 후로 쭉 그와 편지를 주고받고 있었다. 굿윈 코치는 다른 코치들과 마찬가지로 주니어 대회를 휩쓴 타이거의 무한한 가능성을 한눈에 알아보았다. 뛰어난 운동 선수 중에는 스탠퍼드 대학 출신이 많았다. 스탠퍼드는 캠퍼스가 아름다울 뿐만 아니라 전국 최고의 교수진을 자랑하는 대학이었다.

또한 학생들의 학업 증진에 힘쓰는 대학으로도 유명해서 세계의 뛰어난 인재들이 모여드는 곳이기도 했다.

타이거는 스탠퍼드 대학을 견학하고 와서 부모님께 이렇게 말했다. "꼭 고향에 간 기분이었어요."

춤은 못 추지만, 골프 실력은 최고!

스탠퍼드 대학에 입학한 타이거는 골프 팀에 들어갔다. 그는 다른 신입생들과 똑같은 대우를 받았다. 침대가 2개밖에 없는 방을 세 명이 써야 했기 때문에 접이식 침대에서 잤다. 또 선배들이 우스꽝스러운 별명을 부르며 놀려대도 꾹 참아야 했다. 타이거는 그 누구보다 뛰어난 재능을 가졌지만 그의 이런 인내심으로 평범한 학생들과도 자연스럽게 어울릴 수 있었다.

타이거는 남학생 사교 클럽인 시그마 치에 가입했다. 그곳에서 그는 춤 실력 때문에 '다이너마이트'라는 별명을 얻었다. 물론 춤 실력이 형편없다는 데서 붙여진 별명이었다. "정말 끔찍했어요."라고 친구 제이크 포는 말했다. 또 다른 친구이자 골프 팀원이기도 한 에릭 크럼은 "타이거는 무대에 서면 마치 집한 채를 날려 버리거나 자전거 바퀴에 바람을 잔뜩 집어 넣고 펑 터뜨릴 것처럼 보였죠."라고 말하기도 했다.

비록 타이거의 춤 실력은 형편없었지만, 골프 실력만큼은 최고였다. 게다가 그의 골프 실력은 나날이 발전했다. 그는 4 언더파 68타를 기록해 앨버커키에 있는 뉴멕시코 대학에서 열린 터커 인비테이셔널(여기서 인비테이셔널은 초청 대회를 뜻한다. 주최 측이 특별한 기준하에 초대한 프로, 아마추어 선수들만 참여할 수 있다)에서 우승했다. 대학생이 되어 치른 첫 번째 경기였다.

타이거는 골프 실력뿐 아니라 학업 성적도 단연 돋보였다. 스탠퍼드 대학에서 경제학을 전공했던 타이거는 학업 성적이 우수한 인재들을 많이 만났다. 수학 강의를 전부 수료한 1학년 학생도 있었다. 그는 타이거가 골프를 즐기는 것처럼 수학을 즐겼던 것이다. 타이거는 그렇게 한 분야에 열중하는 사람들을 존경했다. 쉬는 시간에 TV를 보는 대신 열심히 책을 읽었다. 또한 시간을 내서 학생들이 많이 모이는 파티에 참석하기도 했다.

흑인의 상징

하지만 대학 생활이 재미있기만 한 것은 아니었다. 어느 날, 타이거는 기숙사로 돌아오다가 칼을 들이대는 강도와 맞닥뜨렸다. 강도는 우즈의 턱을 강타하고는 금사슬이 달린 시계를 훔쳐 달아났다. 다행히 우즈는 별로 많이 다치지 않았고, 지갑도 빼앗기지 않았다. 그러나, 더 다행인 것은 바로 집안 대대로 내려오는 400년 된 미니어처 불상을 강탈당하지 않았다는 사실이었다. 평소에는 사슬에 달고 다녔지만, 다행히 그날은 달고 있지 않았다.

놀랍게도 강도는 타이거의 이름을 알고 있었다. 하지만 타이거는 그가 누구인지 몰랐다. 유명하다는 것이 항상 좋은 것만은 아니라는 것을 배우는 순간이었다. 타이거는 유명했기 때문에 어디가나 쉽게 눈에 띄었다.

그 이유는 갈색의 피부 색깔 때문이기도 했다. 사람들은 마치 그가 미국 흑인의 대표인 것처럼 그를 대했다. 자신의 의지와는 상관없이 흑인의 상징이 된 타이거는 백인은 물론 같은 흑인들에게도 비판을 받았다.

1994년 10월, 스탠퍼드 골프 팀은 앨라배마 주 버밍엄에 있는 쇼알 크릭 골프 클럽에서 열린 제리 페이트 인비테이셔널에 참가했다. 4년 전 그 클럽의 창립자는 흑인은 회원으로 가입할 수 없다고 규칙으로 정했다. 나중에는 흑인도 명예 회원이 될 수 있도록 규칙이 바뀌었지만, 사람들은 그것이 단지 '관심을 끌기 위한 쇼'라고 생각했다. 아직까지 클럽 회원들은 물론 지역 사회 주민들도 흑인에 대한 편견이 심했다.

타이거와 팀원들은 처음 2라운드를 무사히 끝마쳤다. 타이거는 세 타 차로 1위를 바싹 뒤쫓고 있었다. 이제 경기 일정은 하루가 남았다.

하지만 문제가 생겼다. 몇몇 흑인들이 굿윈 코치에게 타이거가 쇼알 크릭 골프장에서 계속 경기를 해서는 안 된다고 주장한 것이다. 인종 차별이 심하므로 마지막 날 대회에 참가하는 것을 거부하라고 했다. 만약 그렇지 않으면 이의를 제기하겠다고 했다.

이 일에 대해 굿윈 코치는 다음과 같이 말했다. "팀원들의 안전이 제일 중요했어요. 하지만 그대로 비행기를 타고 집으로 돌아갈 생각은 없었죠. 사람들이 왜 타이거만 문제 삼는지 이해할 수 없었어요. 타이거와 같은 조에 순수 혈통의 네바조 인디언(노타 비게이)과 일본계 미국인(윌리엄 야나기사와), 중국계 미국인(제리 창)도 있었는데 말입니다."

하지만 마침 비가 내리기 시작하자, 주최 측은 이를 핑계로 서둘러 그 항의자들을 경기장 밖으로 내보냈다. 결국 그들은 정문 바깥쪽에서 지켜볼 수밖에 없었다.

뒤처져 있던 타이거는 결국 5언더파를 쳐서 우승했다. 그것은 그 시즌에 거둔 마지막 승리였다.

중요한 시점

타이거는 1994년 미국 아마추어 대회에서 우승함으로써 자동적으로 조지아 오거스타에서 열리는 마스터스 대회에 초대받았다. 마스터스 대회는 타이거가 지금까지 출전한 프로 경기와는 비교도 안될 만큼 큰 대회였다. 마스터스 대회는 프로와 아마추어들이 동등하게 경기를 펼칠 수 있는 아주 특별한 골프 시합이다.

타이거는 스탠퍼드 재학 시절에 네바조 인디언인 노타 비게이(사진)를 처음 만났다. 나중에 프로로 전향한 그는 흑인인 타이거와 마찬가지로 백인 골퍼만 판치던 골프계에서 위상을 떨쳤다.

그 당시 언론은 타이거의 가능성을 높이 평가하고 있었다. 나이 많은 백인 선수들이 대부분이었던 골프계에 혜성같이 나타난 젊은 흑인 선수! 오거스타 골프장에 도착했을 때, 타이거는 이미 스타나 마찬가지였다. 수많은 갤러리들이 타이거의 경기 모습을 지켜보기 위해서 몰려들었다. 드디어 타이거가 첫 번째 샷을 날렸다. 약 256미터에 이르는 드라이버 샷으로 모래 구역을 가뿐히 지나쳤다. 타이거는 이븐파(규정 타수와 같은 점수) 72타를 쳐서 34위가 되었다. 그리고 다음 라운드에서도 72타를 쳐서 최종 라운드에 진출했다.

하지만 3라운드에서는 5오버파(규정 타수보다 높은 점수) 77타로 저조한 성적을 보여 순위가 크게 뒤처졌다. 하지만 마지막 날 경기에서는 72타를 쳤고 마지막 4개 홀 중 3개 홀에서 버디를 기록했다. 아직 어린 나이의 선수로서는 대단히 훌륭한 성적이었다.

타이거는 그동안 자신의 능력을 제대로 발휘하지 못했다고 생각했다. 다른 사람들도 이런 그의 생각에 동의했다. 타이거가 선두대열에 오르지 못했다고 좋아하는 사람들도 있었다.

또 언론은 타이거가 가끔 인터뷰에 응하지 않은 것에 대해 아버지가 지나치게 아들의 일을 간섭하는 게 아니냐고 비판하기도 했다. 타이거의 아버지는 다른 사람들의 칭찬은 물론 비판에 대해서도 당당하게 자신의 의견을 밝혔다. 사람들은 그가 지나치게 아들을 통제하려고 한다며 '매니저 아버지'라고 불렀다.

　타이거는 평소와 다름없이 골프 연습에만 온 신경을 썼다.

　"이제 거의 다 왔다."라고 스윙 코치 하몬이 말했지만, 타이거는 그것으로 만족할 수 없었다.

Tiger Woods

04 프로로 전향하다

"마이클 조던이 농구에서 이룬 업적을 타이거 우즈도 골프에서 이룰 수 있어요. 지금까지 아무도 할 수 없었던 일을 그는 당당히 해낼 겁니다."
| 나이키의 사장, 필 나이트

타이거는 1995년 마스터스 대회가 끝난 후 스탠퍼드 대학으로 돌아갔다. 그는 역사 시험을 비롯해 해결할 문제가 아주 많았다. 지금까지는 학교 공부를 중요하게 생각했지만, 언제부턴가

◀ 왼쪽부터 하몬 코치와 제이 브룬조, 아버지 얼 그리고 타이거. 1995년에 아마추어 대회에서 두 번째로 거둔 승리를 축하하고 있다. 이미 사람들의 관심은 타이거가 언제 프로로 전향할지에 쏠려 있었다.

공부가 골프 선수로서의 재능을 완전히 발휘하는 데 방해가 된다는 생각이 들기 시작했다.

또한 아마추어에 관한 규칙과 대학 선수에 관한 규칙이 서로 달라 타이거는 조바심이 났다. 1995년 10월 초, 타이거는 위대한 골프 선수 아놀드 파머와 저녁 식사를 할 기회가 있었다. 당연히 유명인이자 대단한 부자였던 아놀드 파머가 저녁 값을 지불했다. 하지만 그것 때문에 문제가 생겼다. 대학 선수들을 관리하는 미국 대학 스포츠 협회는 그의 행동이 '대학 선수가 지위나 명성을 이용해서 특별한 대접을 받아서는 안 된다'는 규칙에 어긋난다고 밝혔다. 스탠퍼드 대학은 그 사건으로 타이거에게 정학 처분을 내렸다. 이제 타이거는 경기에 출전할 수 없게 되었다.

학교 측의 이러한 처분에 무척 화가 난 타이거는 부모님에게 그 소식을 전하며 이렇게 말했다. "정말 말도 안 돼. 다 필요 없어요." 정학은 하루 만에 풀렸지만, 타이거의 부모님은 그 사건을 계기로 대학 선수 생활이 끝났다고 생각했다.

타이거는 나머지 학기 동안에도 학교에 머물렀다. 2학년 때인 1995년에는 두 번째로 아마추어 선수권 대회에서 우승했고, 대학 선수들을 상대로 손쉽게 이겼다. 바쁜 경기 일정에도 불구하고 타이거는 일곱 번이나 우승을 거두었다. 1996년 5월 말에는 미국 대학 스포츠 협회 선수권 대회에서 우승했다.

그 무렵, 프로 대회를 후원하는 업체들로부터 타이거에게 아마추어 자격으로도 괜찮으니 경기에 출전해 달라는 요청이 들어오기 시작했다. 이제 언제 프로로 전향할지 그 시기만이 문제였다.

아마추어와 프로의 차이

어떻게 보면 아마추어와 프로의 차이점은 간단하다. 아마추어는 상금을 받을 수 없지만, 프로는 상금을 받을 수 있다.

모든 스포츠에서도 마찬가지지만, 상금이 걸렸을 경우 우승에 대한 부담감이 더욱 커진다. 프로 선수는 정해진 횟수만큼 경기에 출전해야 하고, 또 관련 기관이 정해 놓은 규칙을 지켜야 한다.

미국에서는 프로 골프 협회(PGA)가 남자 프로 골프를 담당한다. PGA는 1년 내내 골프 경기를 후원한다. 또한 규칙을 정하고, 텔레비전 방송 계획을 세우며 여러 가지 방법으로 골프를 홍보한다. 여러 경기가 PGA 투어에 속해 있다.

하지만 아무나 PGA 투어에 출전할 수 있는 자격이 되는 것은 아니다. 각각의 시합에 출전할 수 있는 방법은 많이 있지만, 최고의 선수들만이 1년 내내 계속되는 투어에 출전할 수 있다. 즉, 꾸준히 시합에 모습을 드러내서 좋은 성적을 거둬야 한다. PGA가 인정하는 시합에서 받은 상금을 기준으로 상금 랭킹 125위 안에 드는 선수들만 출전할 수 있도록 규정되어 있다.

광고로 버는 돈

타이거도 프로로 전향하면 우승 상금을 받을 수 있었다. PGA의 우승 상금은 어마어마하다. 최고 상금이 50만 달러(약 5억 원)가 넘고, 몇 천 달러의 상금도 받을 수 있다. 최고의 선수들은 1년에 몇 백만 달러씩 상금을 받지만, 대부분의 선수들은 그보다 훨씬 적게 받는다.

상금 말고 돈을 벌 수 있는 방법이 또 있다. 다른 스포츠와 마찬가지로 최고의 골프 선수들은 연설을 하거나 골프 용품 전시회나 기념품 사인회 같은 행사에 참여하여 돈을 벌 수 있다. 해외에서 열리는 대회에서는 최고의 골프 선수들에게 초청 사례금을 지불하기도 한다. PGA에서는 그것을 금지하고 있다. 최고의 골프 선수들은 해외에서 열리는 대회에 참가하면 10만 달러(약 1억 원)에서 25만 달러(약 2억 5,000만 원)를 받는다. 유명세에 따라 더 많은 액수를 받을 수도 있다.

또 스폰서 광고로도 돈을 벌 수 있다. 기업들은 제품 판매를 늘리기 위해서 유명 선수들에게 접근한다. 선수들은 특정 기업의 용품이나 제품을 사용하기로 기업과 계약을 한다. 팬들은 유명 선수가 사용한 제품을 보고 따라서 사게 된다. 또 선수들은 기업의 광고에 출연하거나 제품의 대변자로 나서기도 한다. 이처럼 기업은 그 회사의 제품과 스타의 이미지를 연결시켜 제품을 홍보하려는 마케팅 전략을 이용한다.

프로 선수들은 기업과의 거래를 담당해 줄 대리인을 고용하는데, 대리인은 선수를 대신해서 비즈니스 문제를 처리한다. 타이거와 그의 가족은 1996년 여름에 인터내셔널 매니지먼트 그룹을 대리인으로 고용했다. 그들은 몇 년 전인가 인터내셔널 매니지먼트 그룹 관계자를 만난 적이 있었다. 게다가 얼은 거기에서 스카우트(신인을 발굴해 내는 사람)로 일한 적이 있었으므로 그들이 인터내셔널 매니지먼트 그룹을 선택한 것은 어쩌면 당연했다.

인터내셔널 매니지먼트 그룹은 정식으로 타이거의 대리인이 되기 전에도 타이거를 위해 광고 계약을 성사시켜 준 적이 있었다. 5년 동안 4,000만 달러(약 400억 원)를 받기로 나이키와 계약한 것이 가장 큰 거래였다. 아직 프로로 전향하지 않은 선수치고는 어마어마한 금액이었다.

나이키와의 광고 계약

나이키는 운동 용품과 운동화, 의류를 만드는 전 세계적인 회사이다. 프로로 전향한 타이거는 시합에 나갈 때마다 나이키의 상표가 달린 모자와 셔츠를 착용했다.

▶ 타이거는 1996년, 거대한 스포츠 용품 회사인 나이키와 광고 계약을 맺었다. 그 후 시합에 나갈 때마다 흰색 스케이트 날 모양이 그려진 셔츠와 모자를 착용했다.

나이키의 사장 필 나이트는 이렇게 말했다. "마이클 조던이 농구에서 이룬 업적을 타이거 우즈도 골프에서 이룰 수 있어요. 지금까지 아무도 할 수 없었던 일을 그는 당당히 해낼 겁니다. 예술 그 자체라고 할 수 있죠. 전 모네의 그림을 보고도 살아 있다는 느낌이 들지 않았는데, 타이거가 골프 치는 모습을 보고는 살아 있다는 느낌이 들었습니다. 정말 굉장한 선수죠."

마이클 조던은 세계 최고의 농구 선수였다. 나이키는 그와 광고 계약을 맺은 덕분에 스포츠 용품 회사로서 큰 성공을 거둘 수 있었다. 조던은 여전히 나이키의 홍보 대사로 활동하고 있었지만, 이제 나이키는 조던의 뒤를 이을 사람을 찾은 것이다.

나이키는 타이거의 유명세를 적극 활용하고자 했다. 물론 그것은 타이거에게도 이익이었다. 돈을 많이 벌 수 있을 뿐 아니라 대중에게 얼굴을 알릴 수 있는 좋은 기회이기도 했다. 나이키처럼 유명한 기업의 광고 모델이 되면 그의 이미지에 분명 도움이 될 것이라 판단했다. 미래를 위해서도 분명히 좋은 기회였다.

기업들은 오래 전부터 선수들과 광고 계약을 맺었다. 하지만 아직 프로로 전향하지 않은 선수가 그렇게 큰 계약을 맺는 것은 처음 있는 일이었다. 나이키는 위험을 무릅쓰고 타이거를 선택했다. 최악의 경우 타이거가 프로 전향의 압박감을 이기지 못하고 시합에서 질 경우에는 오히려 회사의 이미지가 나빠질 수도 있었다.

하지만 나이키가 타이거를 선택한 데는 그만한 이유가 있었다. 타이거는 지금까지 좋은 성적을 거두고 있었고, 골프 실력만 뛰어난 것이 아니었다. 그는 친절하고 부드러운 성격에 사생활도 건전한 청년이었다. 지금까지 그의 삶에 먹구름이 낀 적은 단 한번도 없었다. 그는 약물을 복용하지도 않았고, 여자들에게 치근대지도 않았다. 그래서 기업들은 혹시 타이거가 기업의 이미지를 망칠까 봐 걱정할 필요가 없었다.

나이키가 타이거를 선택한 더 중요한 이유는 따로 있었다. 이미 타이거는 언론을 통해 '정상에 오르려고 끊임없이 노력하는 젊은 흑인 선수'라는 긍정적인 이미지를 확보하고 있었다. 나이키는 그 이미지를 광고에 활용하고자 했던 것이다.

하지만 타이거가 등장하기 전에도 뛰어난 흑인 골프 선수가 있었다. 타이거는 항상 그 사실을 분명히 강조했다. 또한 자신이 흑인인 것은 물론 아시아 인과 인디언, 백인의 피도 섞였음을 강조했다. 하지만 사람들은 대부분 그를 그저 흑인이라고만 생각했다. 또한, 골프 선수들을 비롯한 대부분의 사람들이 골프는 백인을 위한 스포츠라고 생각했다. 하지만 흑인은 물론 백인 중에서도 타이거를 응원하는 사람들이 많았다. 그들은 그가 인종 차별을 이기고 골프 선수로서 성공하기를 바랐다.

아직 젊다는 점도 타이거에게 유리하게 작용했다. 그때까지만 해도 골프는 나이 든 남자들의 스포츠라는 인식이 강했다. 이제 갓 스무 살에 접어든 청년이 골프 시합에서 우승했다는 것만으로도 사람들의 관심을 끌기에 충분했다. 어느 기업이든지 회사의 이미지를 젊게 꾸미고 싶어 하는 것은 당연하다.

결정의 시간

타이거는 프로로 전향하기 전까지는 큰돈을 벌지 못했다. 타이거는 1996년 여름이 거의 끝나갈 무렵, 미국 아마추어 대회를 준비하기 시작했다. 이미 연속으로 두 번이나 우승한 적

자신이 친 공을 눈으로 쫓고 있는 마이클 조던. 마이클 조던과 타이거 우즈는 각각 나이키와 가장 큰 액수의 광고 계약을 맺었다. 세계 최고의 농구 선수였던 조던은 골프 실력도 매우 뛰어났으며, 타이거는 그런 조던과 쉽게 가까워졌다.

이 있는 대회였다. 그리고 타이거는 최초로 연속 3회 우승을 거두었다. 그 기록은 타이거에게 이제 변화가 필요하다는 것을 알려주는 듯했다.

대회를 마치고 돌아온 타이거는 부모님에게 이렇게 말했다. "이제 때가 왔어요."

며칠 후, 타이거는 위스콘신 주 밀워키에서 프로로 전향하겠다는 계약서에 서명했다. 학교도 그만두었지만, 언젠가는 다시 학교로 돌아가고 싶다고 말했다. 프로로 전향하자마자 스폰서 광고 제의가 쏟아졌다. 타이거는 나이키와 5년 계약에 4,000만 달러(약 400억 원), 보너스로 750만 달러(약 75억 원)를 받기로 최종 계약을 맺었다. 골프 용품 회사인 타이틀리스트도 그에게 1년 동안 계약하는 조건으로 300만 달러(약 30억 원)를 제시했다. 타이거는 타이틀리스트와 협상하여 5년 계약에 2,000만 달러(약 200억 원)를 받기로 했다. 협상 조건은 타이틀리스트가 특별 디자인한 골프채를 사용해야 한다는 것이었다. 1996년 말, 타이거보다 광고 수익이 많은 스포츠 스타는 마이클 조던밖에 없었다.

처음에 타이거는 갑작스러운 변화에 크게 당황했다. 그는 새로운 후원 업체들이 보낸 선물을 받고 "골프 가방을 선물 받아서 가장 좋아요. 나이키 가방은 주머니가 많이 달려서 정말 편리해요."라고 말했다. 하몬 코치는 그런 타이거의 모습을 보고 '마치 열 살짜리 아이가 커다란 장난감 가게에 간 것처럼 좋아했다'고 표현했다.

"저를 받아들일 준비가 됐습니까?"

나이키는 즉시 타이거의 이미지를 광고에 활용하기 시작했다. 첫 번째 광고는 바로 이것이었다. "저는 여덟 살 때 70대 노인들과 함께 골프를 쳤습니다. 열두 살 때는 60대 노인들과 함께 골프를 쳤습니다. 열네 살 때는 미국 주니어 아마추어 대회에서 우승했고, 열여덟 살 때는 미국 아마추어 대회에서 우승했으며, 열아홉 살 때는 마스터스 대회에 출전했습니다. 미국 아마추어 대회에서 3회 연속으로 우승하는 신기록도 세웠습니다. 하지만 아직도 미국에는 흑인이라는 이유로 제가 들어갈 수 없는 골프장이 많습니다. 사람들은 아직 저를 받아들일 준비가 되지 않았다고 말합니다. 당신은 저를 받아들일 준비가 됐습니까?"

사람들은 그 광고문에 나타난 인종 차별이 사실과 다르다며 반박했다. 타이거 우즈는 워낙 유명해서 어느 골프장에서든지 환영할 것이라고 했다.

투어에 참여한 또 다른 흑인 선수 짐 소프는 초기의 흑인 골퍼들이야말로 심한 인종 차별을 당했다고 지적했다. 그는 타이거가 아니라 나이키를 비판하면서 이렇게 말했다. "찰리 시포드가 시합에서 이길 때마다 마스터스는 그가 출전할 수 없도록 대회 규정을 바꿨죠. 시포드와 리 엘더는 사람들에게 깜둥이라는 말을 들어야 했지만, 저는 그렇지 않았죠."

나이키는 그 광고문이 아직도 미국에는 흑인들을 제한하는 골프 클럽이 있다는 것을 상징한다고 해명했다. 여하튼 그 광고는 커다란 논쟁을 불러 일으켰다. 타이거는 시합에서는 승부욕이 대단했지만, 평소에는 매우 친절하고 부드러운 성격이었다. 골프는 축구나 농구 같은 스포츠보다 점잖은 이미지가 강하다. 이런 면에서 나이키의 광고는 골프에 대한 잘못된 이미지를 심어 주었다.

"우리는 타이거가 TV 카메라 앞에서는 백만 달러짜리 웃음을 지어 보이지만 자신에게 별로 중요하지 않은 사람들에게는 퉁명스럽게 대할 수도 있다는 것을 잘 알고 있었습니다."라고 스포츠 기자 존 페인스테인은 말했다. 페인스테인은 '타이거 신화'를 파헤치는 기자로 유명해졌다.

나이키는 곧바로 광고를 바꾸었다. 이제 타이거 우즈는 마이클 조던처럼 '타이거'라는 이름 하나만 들어도 누구나 다 알 정도로 유명한 운동 선수가 되었다.

힘들었던 시기

타이거 우즈는 막대한 계약금을 받고 기업과 계약을 했고, 광고에도 출연했으며, 언론의 주목을 받았다. 이제 남은 일은 그럴 만한 자격이 충분하다는 사실을 증명해 보이는 것이다. 과대 광고에 대한 부담 때문인지 타이거는 프로로 전향한 후 처음 출전한 밀워키에서의 경기에서 저조한 성적을 보였다. 하지만 몇 주 동안 서서히 성적이 오르기 시작하더니 퀘드 시티

클래식에서는 5위, B. C. 오픈에서는 3위를 차지했다. 이제 조금만 잘 하면 투어에 출전할 수 있었다.

하지만 뷰익 챌린지에 참가하기 위해 조지아 주 파인 마운틴에 도착했을 때, 그는 프로로서의 새로운 생활에 커다란 압박감을 느꼈다. 연습 라운드를 마친 그는 너무 피곤해서 도저히 경기에 출전할 수 없었다. 그래서 경기 일정을 취소하고 집으로 돌아갔다. 경기뿐만 아니라 그가 상을 받은 기념으로 마련된 만찬도 취소했다. 그는 가장 우수한 대학 골프 선수로서 프레드 하스킨스 상의 수상자로 결정되어, 파인 마운틴에서 열리는 만찬에서 그 상을 받기로 예정되어 있었다. 그러나 타이거가 그 일정을 취소하자 언론에서는 그를 마구 비난했다.

그 행사에는 아버지나 하몬 코치 없이 타이거 혼자 가야 했다. 며칠 후 타이거는 만찬을 취소한 것이 신중하지 못한 행동이었음을 인정했다. 그는 『골프 월드』지의 칼럼에 '저도 사람이기에 실수를 합니다.' 라고 썼다. 타이거의 아버지는 만찬 준비에 들어간 비용을 타이거가 보상할 것이라고 말했다. 그때가 타이거의 선수 생활 중 가장 힘들었던 시기였다.

역전의 역전

　2주 후, 타이거는 라스베이거스 인비테이셔널에 참가했다. 이제는 피로가 말끔히 가신 상태였다. 대회가 계속될수록 경기에 대한 놀라운 집중력을 발휘했다. 그는 마지막 라운드에서 64타를 쳐서 데이비스 러브 3세와 동점을 이루었다. 다시 두 선수는 18번 홀에서 결승전을 치르게 되었다. 시합이 시작되기 전에 러브 선수가 이렇게 말했다. "정말 멋진 시합이야, 타이거."

　"고마워. 친구."라고 타이거가 쾌활한 목소리로 대답했다.

　러브 선수는 강력한 티샷을 날렸다. 타이거는 가방에서 3번 우드(골프채 중 한 가지)를 꺼내 샷을 날렸다. 공이 러브 선수가 친 공보다 조금 뒤쪽에 떨어졌다. 그래서 타이거가 먼저 공을 치게 되었다. 결투에서는 먼저 공격하게 되는 쪽이 심리적으로 유리하다. 타이거가 친 공은 홀에서 약 5.4미터밖에 떨어지지 않은 지점에서 멈췄다.

　러브 선수는 부담감을 느끼며 7번 아이언(골프채 중 한 가지)으로 공을 쳤다. 공은 홀 바로 아래에 있는 벙커(골프 코스 중 장애물의 하나인, 모래가 들어 있는 우묵한 곳)에 떨어졌다. 하지만

그는 쉽게 포기하지 않았다. 공을 벙커에서 그린으로 성공적으로 올렸다. 깃대에서 약 1.8미터 떨어진 거리였다.

타이거는 중간 범위의 퍼트(공을 가볍게 치는 것)를 쳐야 우승할 수 있었다. 하지만 거리가 너무 멀었기 때문에 공은 홀에서 약 60센티미터 떨어진 곳에서 멈췄다. 그러나 그는 여전히 자신감에 차 있었으며, 가볍게 공을 쳤다. 공은 홀컵으로 들어갔다. 이제 러브 선수가 할 수 있는 최선의 방법은 깃대에서 1.8미터 떨어진 곳에 있는 공을 구멍에 넣어서 동점으로 만드는 것이었다. 그러면 또 다른 홀에서 경기를 계속할 수 있었다.

드디어 러브 선수가 공을 칠 자세를 취했다. 그러나 공은 구멍을 비껴갔다. 이렇게 해서 타이거는 PGA 토너먼트에서 첫 승리를 거두었다.

사람들은 그가 다음에도 또 다시 우승을 거두리라고 생각했다.

◀ 타이거는 승리를 자축할 때 주먹을 밀어 올리는 자세를 취한다. 사진은 1997년, 조지아 주 오거스타에서 열린 마스터스 대회에서 승리가 확정되는 순간의 타이거의 모습이다. 타이거는 스물한 살이라는 어린 나이에 18언더파라는 좋은 성적을 거두었다.

골프 가방에는 무엇이 들어 있을까?

　골프 선수들은 골프 코스의 구역에 따라 다른 골프채를 사용한다. 일반적으로 골프채는 우드와 아이언, 퍼터의 세 가지로 나뉜다.

　가장 종류가 많은 골프채는 우드와 아이언이다. 작은 것부터 큰 것까지 사이즈가 다양하며, 크기와 모양에 따라 번호가 붙는다. 우드와 아이언 모두 번호가 낮을수록 멀리까지 공을 칠 수 있지만, 거기에는 단점도 있다. 골프 선수들은 대부분 숫자가 작은 골프채로 칠수록 공을 높게 칠 수 없으며 정확도도 떨어진다.

　우드는 가장 장거리를 칠 수 있는 골프채로, 공을 페어웨이까지 보낼 수 있다. 헤드(공이 닿는 부분)를 나무로 만들었기 때문에 우드라고 불린다. 지금은 꼭 헤드를 나무로 만들지는 않지만, 우드의 모양과 용도는 여전히 똑같다. 우드의 헤드 부분은 공을 잘 칠 수 있도록 넓고 둥글둥글하며 편평하게 되어 있다. 헤드를 손잡이로 이어 주는 자루 부분이 매우 길다. 우드의 사이즈는 1번에서 5번까지 있다. 취미로 골프를 즐기는 남성이라면 약 182미터까지 공을 칠 수 있다. 타이거 우즈는 시합에서 약 274미터 정도까지 공을 친다.

　페어웨이나 러프에서 단거리 샷을 칠 때는 거리를 잘 조절해야 한다. 그래서 일반적으로 아이언을 사용한다. 아이언의 헤드는 쇳덩이로 되어 있다. 우드보다 자루 부분의 길이가 짧고, 헤드가 각져 있다.

번호가 낮은 아이언(1번에서 4번까지)은 장거리 샷에 가장 효과적이므로 롱 아이언이라고 한다. 반면, 8번과 9번은 피칭웨지와 함께 숏 아이언이라 한다.

우드와 아이언은 겹치는 부분이 있다. 어떤 상황에서 우드보다 롱 아이언을 선호하는 사람도 있고, 그 반대인 사람도 있다. 상황에 맞게 골프채를 선택하는 것도 매우 중요한 기술이다.

공이 벙커나 샌드트랩에 들어갔을 때는 샌드웨지를 사용해야 한다. 샌드웨지는 헤드가 날카로우므로 트랩에서 쉽게 공을 끌어올릴 수 있다. 그린에서는 퍼터를 사용한다. 퍼터는 헤드가 작고 매우 편평하다. 퍼터를 사용하면 공의 방향을 정확히 조절할 수 있다.

경기 규정상 골프채는 14개만 소지할 수 있다. 골프채의 모양과 구조에 관한 규정도 별도로 정해져 있다.

Tiger Woods

05 기대가 현실로

> "그는 화가 난 상태로 8번 티로 걸어갔는데, 화를 폭발시키지도 않았고 경기를 포기하지도 않았어요. 경기가 잘 풀리지 않을 때 경기하는 모습을 보면 진정한 챔피언을 가릴 수 있죠."
>
> | 프로 골퍼, 제이 하스

그들은 화려한 목련나무를 지나쳤다. 아래에는 길고 넓은 페어웨이가, 위에는 클럽하우스로 이어지는 좁은 길이 있었다. 그들은 봄의 햇빛을 받아 에메랄드처럼 빛나는 잔디 옆에 끈기 있게 서 있었다. 4월의 어느 화창한 봄날, 마치 특별한 일이라

◀ 마스터스 대회 우승자인 타이거 우즈가 그린 재킷을 입고 있다.

도 있는 듯 점점 더 많은 사람들이 조지아 주 오거스타 골프장에 몰려들었다. 그날은 1997년 4월 13일로, 전 세계의 골프 팬들은 오래전부터 기대해 왔던 엘드릭 '타이거' 우즈의 가능성을 눈으로 직접 확인하기 위해 이곳에 온 것이다.

타이거는 티로 걸어갔다. 2년 전에 그는 역사상 오거스타 골프장에서 경기한 네 번째 흑인으로 기록되었다. 이번에는 9타 차로 마스터스 대회에서 선두를 달리고 있었다. 경기가 하루밖에 남지 않은 상황에서 대단히 유리한 상태였다. 하지만 특히 마스터스 대회에서는 많은 선수들이 뼈아픈 경험을 한다. 마스터스 대회에 출전했다는 것만으로도 대단한 영광인데, 수많은 갤러리와 기자들이 지켜보는 가운데 경기를 해야 하기 때문에 마지막 날에 희망이 와르르 무너지는 경우가 많았다.

타이거도 역시 커다란 부담감을 느꼈을 것이다. 그는 지금까지 수많은 승리를 거뒀고, 실패를 맛보기도 했다. 처음 마스터스에 출전한 후 2년 사이에, 타이거는 무릎 관절경 수술을 받았고, 어깨의 회선 건판이 늘어났고, 한 차례 식중독에 걸리기도 했다. 1997년에는 이미 PGA 경기에서 두 차례 우승했지만, 그는 마스터스 대회의 우승자에게 주어지는 '그린 재킷'을 꼭 입고 싶었다. 역대 마스터스 우승자 명단에 자신의 이름을 꼭 올리고 싶었다.

세상의 지나친 관심은 타이거를 그 자리에 주저앉게 할 수도, 그의 티샷을 엉망으로 망칠 수도 있었다. 하지만 스물한 살밖에 안 된 타이거의 집중력은 놀라웠다. 그는 공을 어느 지점에 놓을 것인지 골몰하느라 미처 세상의 관심에 대해 부담을 느낄 여유조차 없었다. 오직 골프채로 공을 철썩 때리는 소리 외에는 아무것도 느낄 수 없었다.

타이거는 갤러리들의 열렬한 응원에 힘입어 오거스타 골프장을 완전히 장악했다. 티에서의 드라이버 샷과 그린으로의 아이언 샷, 퍼팅 모두 완벽했다. 그는 마지막 홀에서 18언더파로 2위와 12타 차이라는 대기록을 세우며 우승을 확정지었다. 타이거는 주먹을 밀어 올리며 승리를 자축했다.

그는 캐디인 마이크 코완을 껴안았다. 그리고 나서 머리에 모자를 쓰고 그린의 가장자리 쪽으로 가 아무 말 없이 서 있는 아버지를 껴안았다. 20년 전 조그만 차고에서 시작된 두 사람의 여정이 마침내 최정상에 이르렀다.

선배 골프 선수의 말

타이거가 나이키 로고가 새겨진 빨간 티셔츠 위에 그린 재킷을 입자 여기저기서 축하의 함성이 터져 나왔다. 타이거는 퍼팅 그린으로 가다가 낯익은 얼굴을 발견했다. 리 엘더였다. 타이거는 그를 불렀다. "리, 이리 오세요."

타이거는 1975년에 흑인으로서는 최초로 마스터스에 출전한 리 엘더를 꼭 껴안았다.

"제가 이렇게 우승할 수 있도록 도와주셔서 고마워요."라는 타이거의 말을 듣자 나이 지긋한 엘더의 눈에는 눈물이 맺혔다.

골프 기자 겸 마스터스 연구가인 존 페인스테인은 이렇게 말했다. "오거스타 내셔널은 아직도 인종 차별이 사라지지 않은 남부 지방의 상징과 같은 곳이었습니다." 하지만 엘더가 피부 색깔의 장벽을 깬 이후에도 인종 차별과 사람들의 분노는 사라지지 않았다. 타이거는 마스터스 대회에서 승리함으로써

타이거가 마스터스 대회에서 우승하는 순간에 리 엘더(사진)는 그의 곁을 지켰다.

사람들에게 자신의 위대한 능력을 다시 한 번 확인시켜 주었다. 그것은 흑인들이 백인과 똑같은 조건에서 겨룰 경우 얼마든지 승리할 수 있음을 뜻하기도 했다.

하지만 인종 차별의 벽을 허문 것은 타이거가 아니었다. 그가 엘더에게 말한 것처럼 초기의 흑인 골프 선수들이 길을 닦

아 놓았기 때문에 타이거를 비롯한 후배들이 도전할 수 있었다. 하지만 타이거는 정상에 오르기까지 심한 인종 차별에 맞서야 했다. 그는 골프 팬들에게서 욕설이 담긴 편지도 많이 받았고, 투어에서 직접적으로 인종 차별적인 말을 듣기도 했다. 하지만 그의 승리는 인종 차별주의자들에게 답을 안겨 주었다.

"오늘 이후로는 흑인이 티샷을 하려고 걸어갈 때 못마땅한 표정으로 쳐다보는 사람이 한 명도 없을 것입니다."라는 리 엘더의 말처럼…….

타이거가 골프를 잘할 수밖에 없는 이유

타이거 우즈가 그토록 유명해진 이유는 뭐니뭐니해도 뛰어난 실력으로 마스터스와 수많은 PGA 경기에서 승리했기 때문이다. 타이거의 실력이 그렇게 뛰어난 이유는 신체 조건과 컨디션 조절 등 여러 가지를 들 수 있다. 많은 사람들이 역사상 최고의 골프 선수로 꼽는 잭 니클라우스는 하체에 대한 상체의 속도 때문에 타이거가 멋진 샷을 구사할 수 있다고 말했다.

"제 친구 중 하나가 1/1,000초로 움직임을 측정할 수 있는 비디오테이프 편집 장치를 가지고 있어요. 그 친구가 타이거가 완벽한 백스윙 동작에서 공을 맞추는 임팩트 순간으로 엉덩이가 돌아오는 순간의 속도를 다른 최고의 선수들과 비교해 봤어요. 타이거는 다른 선수들보다 20퍼센트나 그 속도가 빨랐어요. 어떤 선수들과는 절반 이상 차이가 나기도 했죠."라고 니클라우스는 말했다.

타이거는 타고난 장점 외에도 기술이 매우 뛰어나다. 그것은 훈련과 연습의 결과이다.

하몬 코치는 "타이거는 기본이 훌륭해요. 자세와 골프채를 쥐는 법이 완벽하죠. 공을 치는 자세가 대단히 훌륭합니다. 처음부터 올바른 자세를 배울 수 있었던 것은 모두 그의 아버지와 주변 사람들의 도움 덕분입니다."라고 말한다. 하몬 코치는 타이거만의 네 가지 기술을 다음과 같이 요약했다.

- 타이거는 매우 신중하게 테이크어웨이(백스윙을 시작하는 동작으로 골프채를 공에서 뒤로 빼서 보내는 것)를 한다.
- 타이거는 어깨를 재빨리 최대한 회전시키므로 큰 힘을 낼 수

있다. 그 힘을 이용해 장거리 드라이버 샷을 날린다.
- 타이거는 키가 크고 체격이 탄탄한 데다 유연성이 뛰어나고 힘도 세기 때문에 샷의 각도를 정확히 조절할 수 있다. 하몬 코치는 오른쪽 무릎이 타이거의 가장 중요한 굴곡 위치라고 생각한다. 멋진 샷을 날릴 때 오른쪽 무릎이 적절하게 회전한다.
- 타이거는 틀었던 하체를 매우 빠르게 풀기 때문에 더 큰 힘을 낼 수 있고, 샷을 더 효과적으로 조절할 수 있다.

어느 유명한 골프 코치는 타이거가 샷을 날릴 때 오른쪽 발을 잘 관찰하라고 조언했다. 오른쪽 발이 균형 잡힌 채로 있으면 훌륭한 샷이 나올 가능성이 크다. 샷을 날린 후 타이거의 반응으로도 짐작할 수 있는데, 타이거는 훌륭한 샷일 경우 기쁨의 표시로 한쪽 주먹을 들어 올리는 습관이 있다.

동료 선수들은 신체적인 조건뿐 아니라 그의 마음 자세 또한 타이거의 장점이라고 말한다. 그는 상황에 맞게 골프채를

◀ 강인하고 유연성이 뛰어난 신체와 탄탄하게 칭칭 감은 모양의 스윙, 안정감 있는 발 자세가 타이거의 뛰어난 기술의 비결이다.

잘 선택하여 경기를 잘 운영해 나간다. 또한, 항상 자신감에 넘치고, 강한 정신력으로 어떠한 난관도 잘 극복한다. 정상의 위치에 있으면서도 자신의 실력을 향상시키려고 노력하는 것도 타이거의 큰 장점이다.

타이거를 담당하는 스포츠 심리학자인 제이 브룬자는 이렇게 말했다. "타이거는 다른 위대한 챔피언들처럼 위기의 순간에 득점을 하는 능력이 있어요. 자신의 열정과 기쁨을 위해 게임을 하기 때문에 그가 기력을 소진하는 일은 절대 없을 겁니다."

프로 골프 선수인 제이 하스는 타이거가 부진한 모습을 보여준 라운드를 함께 치른 후 그에 대한 새로운 사실을 알게 되었다. "그는 화가 난 상태로 8번 티로 걸어갔는데, 화를 폭발시키지도 않았고 경기를 포기하지도 않았어요. 경기가 잘 풀리지 않을 때 경기하는 모습을 보면 진정한 챔피언을 가릴 수 있죠. 그날 타이거 우즈는 제게 챔피언다운 면모를 여실히 보여 주었습니다."

또한, 은퇴한 골프 선수 바이런 넬슨은 이렇게 말했다. "그는 골프 선수로서 무한한 능력을 지녔습니다. 더 대단한 것은 그가 아직도 배우고 있다는 사실이죠. 그는 지금까지 단지 경기를 치르기만 한 것이 아니라 그의 무한한 잠재성을 스스로에게 증명해 보였습니다. 그것은 위대한 챔피언들의 공통점이기도 하죠."

'큰 타이거' – 퐁 대령

얼은 아들이 마스터스에서 우승한 직후 수술을 받기 위해 병원에 입원했다. 타이거는 아버지가 염려되었다. "저한테는 골프보다 아버지가 더 중요해요. 저는 아버지를 정말 사랑합니다. 지금 당장 아버지를 만나러 갈 거예요." 아버지가 입원해 있는 동안 타이거는 담담히 기자 회견을 거절했다. 다행히 아버지는 바로 회복되었다. 하지만 타이거와 가족에게 갑자기 슬픈 소식이 날아 왔다. 아버지가 아들의 이름을 타이거라고 짓게 한 주인공인 브엉 당 퐁 장군이 이미 오래전에 세상을 떠났다는 것이었다.

베트남은 전쟁이 끝난 후 공산주의 체제의 북부 베트남이 남부 베트남을 점령했다. 얼과 타이거가 '큰 타이거'라고 불렀던 퐁 대령은 북부 베트남에 포로로 잡힌 후 감옥에 갇혔다. 톰 캘러핸이라는 TV 연예 기자가 베트남과 미국에서 퐁 대령의 가족들을 수소문했지만, 퐁 대령이 세상을 떠난 지 벌써 20년도 넘었다는 사실만 밝혔을 뿐이었다.

"저는 퐁 대령님이 돌아가셨다는 소식을 듣고 너무 큰 충격을 받았습니다. 아버지께 들은 이야기에 의하면 우리 셋은 정말 비슷한 점이 많았거든요. 지금은 제가 아버지보다 성격이 더 급하지만, 예전에는 아버지와 비슷했죠. 큰 타이거 퐁 대령님도 마찬가지였다고 합니다."

타이거는 성장하면서 부모님과의 관계가 더 돈독해졌다. 타이거와 아버지는 가끔씩 심한 말다툼을 하기도 했다. 타이거가 제 기량을 발휘하지 못한다고 생각할 때는 아버지가 화를 냈다. 하지만 평소에 부자는 매우 가까운 사이였다. 그 무렵 얼과 쿨티다는 서로 떨어져 살기 시작했다. 그렇기는 해도 얼은 두 사람이 아직 서로 사랑하고 있으며, 타이거의 경기 때문에 자주 만난다고 설명했다.

슬럼프에 빠진 타이거

　타이거는 마스터스에 출전한 후 GTE 바이런 넬슨 클래식과 모토롤라 웨스턴 오픈에서 우승했다. 전반적으로 볼 때 타이거에게 1997년은 환상적인 한 해였다. 그해 6월에 PGA가 결정하는 전체 랭킹 1위에도 올랐다. 그때 타이거의 나이는 스물한 살, 가장 어린 나이에 랭킹 1위에 오르는 기록을 세웠다.

　하지만 1997년에도 실망스러운 일은 있었다. 자신도 모르는 사이 슬럼프에 빠진 타이거는 1998년까지 헤어 나오지 못했다. 프로로 전향한 뒤 맞는 두 번째 해에 타이거는 자신은 물론 팬들에게 커다란 실망을 안겨 주었다.

Tiger Woods

06 타이거의 전성기

타이거는 막대한 돈을 벌어들였다. 하지만 그 대가로 사람들은 그를 하나의 '상징'으로 여기기 시작했다. 그리고 그 상징으로서의 기대에 어긋나면 그를 비난했다.

타이거는 공을 내려다보며 서 있었다. 호리호리하고 길쭉한 그의 몸이 마치 시계추처럼 보였다. 그는 그린의 가장자리에 서 있었다. 공을 홀에 넣어야 선두대열에 진입할 수 있는 중요한 순간이었다. 타이거는 무릎이 아팠고 몸은 몹시 피곤했다. 하

◀ 타이거 우즈에게도 슬럼프는 있었다. 특히 1998년에 타이거는 한결같은 성적을 보이지 못했다.

지만 그는 마음을 가라앉히고 늘 보아 왔던 완벽한 구간으로 시선을 주었다. 그가 무게 중심을 약간 바꾸는 순간 공이 스르르 움직였다. 그의 팔과 골프채가 부드럽게 흔들렸다. 마치 잘 돌아가는 시계추 같았다. 퍼터의 헤드가 공을 쳤다. 공은 그린을 따라 데구루루 굴러 홀을 향해 나아갔다. 마치 자석에 이끌리듯 미끄러져 내려갔다. 하지만 구멍 속으로 들어가지는 않았다.

유난히 잘 풀리지 않는 경기였다. 1997년, 벨 캐나디언 오픈은 타이거에게 있어 최악의 대회였다. NEC 골프 월드 시리즈에서 3위에 머문 지 2주 만에 타이거는 프로로 전향한 후 처음으로 PGA 경기에서 본선에 진출하는 데 실패했다.

하지만 타이거는 좌절을 극복하고 메르세데스 선수권 대회와 뷰익 인비테이셔널, 닛산 오픈 등 굵직한 경기에서 3위 안에 드는 선전을 펼쳤다. 하지만 시간이 흐르면서 그 역시 모든 골프 선수들, 아니 모든 사람들과 똑같은 경험을 하게 된다. 시간이 지날수록 실력이 나아지기는커녕 오히려 줄어드는 것이었다.

세상에 완벽한 사람은 아무도 없다. 잘할 수도 있고 조금 못 할 수도 있다. 하지만 사람들은 타이거 우즈가 완벽하기를, 적어도 항상 잘하기를 기대했다. '골프 황제'라는 평가에 걸맞게 항상 우승해야 한다고 생각했다. 그래서 골프 저널리스트를 비롯한 많은 사람들은 그가 우승을 놓치기라도 하면 바로 슬럼프에 빠진 것이라고 생각했다.

그가 슬럼프에 빠졌다는 사실을 증명할 만한 자료도 있다. 1998년에는 타이거의 퍼팅이 슬쩍 빛나가는 일이 눈에 띄게 많아졌다. 1997년에는 투어에서 60위를 기록했지만 1998년에는 147위까지 밀려났다. 하지만 여전히 장타 실력은 뛰어났다. 드라이버 샷의 정확성은 조금 떨어져 가장 정확한 드라이버 샷을 날리는 선수에서 밀려났다. 게다가 1998년 투어에서는 상금 랭킹이 4위로까지 떨어졌다. 상금 랭킹을 보면 전체적인 순위를 대충 짐작할 수 있다.

타이거는 1998년에는 성적이 나아지리라고 믿었다. "저의 타구력이 향상되었다고 생각해요. 예전에는 도저히 경기를 할 수 없었던 상황에서도 이제는 경기할 수 있게 되었습니다."

타이거는 그해에 슬럼프에 빠졌다기보다는 일관된 성적을 보이지 못했다. 어떤 때는 대단히 잘하는가 하면 어떤 때는 그럭저럭 했고, 한두 번은 매우 부진한 성적을 보이기도 했다. 대단히 잘했던 때만을 생각하면 분명 슬럼프라고 할 수 있었다.

지나친 비판

사람들은 타이거가 몇 시즌 동안 보여 준 기량을 보고 그의 실력을 극단적으로 평가했다. 첫째는 그의 타고난 능력이었다. 1997년에 열린 마스터스 대회에서 사람들에게 보여 준 것처럼 타이거는 대단히 훌륭한 선수가 될 만한 자질이 충분했다. 게다가 나이도 어렸으므로 얼마든지 정상의 자리에 설 수 있었다. 많은 팬들은 꼭 그렇게 되기를 바랐다. 그들은 투어에 출전한 다른 선수들이 아니라, 잭 니클라우스나 아놀드 파머 같은 역대 최고의 선수들과 타이거를 비교했다.

타이거의 이미지 또한 언론의 주목을 받기에 충분했다. 저널리스트를 비롯한 사람들은 돈을 많이 벌었으니 그의 기준이 더 높아져야 한다고 생각했다. 어떻게 보면 그들은 타이거가 골

경기가 잘 풀리지 않자 타이거가 모자를 눌러 쓴 채 한숨을 쉬고 있다.

프장, 아니 어디에 있든지 그만큼의 돈을 벌어야 한다고 생각했던 것이다. 또한, 보통 사람들이 했다면 아무렇지 않게 넘어갈 일을 그가 타이거 우즈라는 이유만으로 비판했다.

예를 들어, 타이거는 오거스타에서 우승한 후 재키 로빈슨을 기념하는 행사에 맨 마지막으로 초대받았다. 흑인인 로빈슨은 야구의 인종 장벽을 깨뜨린 장본인으로 운동 선수뿐 아니라 사회를 위한 하나의 기준을 세워 놓았다. 사람들은 골프계에서 인종 장벽을 깨뜨린 타이거가 그 자리에 꼭 참석해야 한다고 생각했다. 마침 대통령도 참석할 예정이었다. 하지만 타이거는 그날 다른 일정이 있어서 부득이 참석하지 못했다. 정당한 이유가 있어서 불참할 수밖에 없었는데도 사람들은 타이거를 거세게 비난했다. 그가 그렇게 행동한 이유에 대해 아버지 얼의 정치적 성향까지 의심했다. 타이거는 마스터스에서 우승한 후 막판에 초대받았기 때문에 참석할 수 없었다고 해명했지만 소용이 없었다.

또 다른 일화가 있다. 타이거는 1997년 미국 오픈에서 부진한 성적으로 라운드를 마친 후 기자회견에 참석하지 않고 곧바로 자동차를 타러 갔다. 몹시 화가 난 타이거는 자동차 계기판에 워크맨을 집어 던지고 기자를 올려다보며 인터뷰에 응했다. 그는 부진한 성적에 화를 내며 질문에 짧게 대답했다. 나중에 이 일에 대해 1위가 아닌데도 기자 회견을 해야 하는지 정말 몰랐다고 사과했다.

타이거는 1998년, 광고 출연과 대회 출전으로 정신없이 바빴다.
그의 옆에는 항상 기자들이 떠나지 않았다.

타이거는 화를 억누르려고 무척 애썼다. 하지만 거의 모든 골프 선수들과 마찬가지로 경기가 잘 풀리지 않으면 감정적으로 변했다. PR 전문가들은 그가 싸움을 피하고, 항상 정중하게 행동함으로써 좋은 이미지를 만들 수 있도록 도와주었다. 투어에 출전한 선수들은 타이거가 조금 냉정하다고 느끼기도 했다.

그런가 하면 그가 매우 친절하고 쾌활한 성격이라고 생각하는 사람들도 있었다. 하지만 누구나 그가 경쟁심이 강하고, 자신감에 넘친다는 것에 한결같이 입을 모았다. 타이거는 골프 실력을 향상시키고, 자신의 이미지를 가꾸기 위해 열심히 노력했다. 지저분한 농담을 하거나 저속한 언어를 사용하는 것은 그의 이미지에 해가 되므로 되도록이면 안 하려고 노력했다. 적어도 대중들이 있는 곳에서는 피하려고 애썼다.

타이거는 막대한 돈을 벌어들였다. 하지만 그 대가로 사람들은 그를 하나의 '상징'으로 여기기 시작했다. 그리고 그 상징으로서의 기대에 어긋나면 골프장에서 얼마나 잘하든지 상관없이 그를 비난했다. 물론 실력이 저조할수록 비난의 목소리도 더 거세졌다.

"이제야 알겠어요"

타이거는 광고 계약과 각종 행사 출연 등으로 막대한 수익을 올렸지만, 그만큼 눈코 뜰 새 없이 바쁘게 움직여야 했다. 그는 크고 작은 문제들을 대신 처리해 주는 비서와 함께 움직였다. 일정을 더 신속히 처리하기 위해서 전용 비행기도 마련했다. 그래도 여전히 하루하루가 피곤하기만 했다. 그런 모습이 안쓰러운 아버지가 일정이 너무 빡빡하다고 불평이라도 할라치면 그는 그저 웃으면서 이렇게 말할 뿐이었다. "제가 원래 그렇잖아요." 그는 어렸을 때부터 목표를 이루기 위해서라면 지나칠 정도로 열심이었다. 그는 그러한 방식을 바꿀 생각이 전혀 없었다.

타이거는 플로리다 올랜도에 있는 아일워스에 저택을 구입했다. 저택을 구입하는 데 약 50만 달러(약 5억 원)가 들었고, 장식하는 데만도 25만 달러(약 2억 5,000만 원)가 들었다. 돈이 많이 들긴 했지만, 저택 바로 옆에 골프 연습장이 있어서 좋았다. 이제부터는 마음 편하게 언제라도 연습할 수 있게 되었다. 대개 타이거는 매주 주요 경기에 출전하고, 경기가 없는 주에는 휴식을 취했다. 그는 자신의 홈페이지를 방문하는 사람들에게 시간이 날 때마다 인터넷을 즐기며 온라인으로 투자도 한다고 밝혔다. 비록 부모님은 별거 중이었지만, 타이거는 여전히 부모님과 사이가 좋았다. 부모님과 때때로 의견 차이가 있기도 했지만, 여전히 그들은 아들의 가장 든든한 후원자였다.

막대한 수익과 광고 출연, 빡빡한 일정, 파티 그리고 언론의 관심 외에도 타이거에 관한 분명한 사실이 하나 더 있었다. 바로 골프에 대한 그의 애정이었다. 그는 연습이 아무리 힘들어도 재미를 느꼈다. 타이거는 하몬 코치와 함께 자신의 스윙을 샅샅이 분석했다. 타이거는 힘을 유지하면서도 스윙의 정확성을 높이고 싶었다. 하지만 많은 운동 선수들이 잘 알고 있는 사실처럼 분석에 치중하면 오히려 경기에 방해가 된다. 스윙을 자세히 분석하다 보면 평소에는 자연스러웠던 것들도 갑자기 깊이 고민하게 되기 때문이다.

1999년에 투어가 시작되었을 때, 타이거는 자신의 스윙에 대해 깊이 생각하지 않았다. 그러자 정확성이 높아져서 드라이버 샷으로 날린 공이 페어웨이에 떨어지는 경우가 많았다. 그래서 공을 그린으로 옮기기가 훨씬 쉬워졌다. 거리상으로는 별 차이가 없었지만 그 효과는 엄청났다.

"이제야 알겠어요. 이제는 아주 자연스럽게 느껴져요."라고 그는 코치에게 말했다.

갑자기 사격의 명수가 된 것처럼 그의 퍼팅이 매우 정확해졌다. 시간이 흐를수록 타이거의 슬럼프도 서서히 막을 내리고, 제 실력을 발휘하게 되었다.

타이거는 1999년 뷰익 인비테이셔널을 시작으로 PGA 투어의 주요 8개 경기에서 우승을 거두었다. 2위와 3위를 합하면 절반 이상의 주요 경기에서 상위권에 들었다. 25위 안에 든 것은 열여덟 번, 10위 안에 든 것은 열여섯 번이었다. 결승에는 단 한 번도 빠지지 않고 진출했다. 총 661만 6,585달러(약 66억 원)의 상금을 벌어들여 랭킹 1위에 올랐다. 잭 니클라우스의 전성기 이후 그렇게 뛰어난 성적을 보인 선수는 처음이었다. 하지만 그것은 2000년을 위한 준비 운동에 불과했다.

타이거 팀의 재구성

1999년이 얼마 남지 않은 시점에 타이거는 2000년을 위한 준비를 시작했다. 그는 개인 코치와 전문 매니저들의 집단인 '타이거 팀'에 몇 가지 변화를 주었다. 이를 지켜보는 사람들은 그 변화가 타이거가 성숙하는 과정의 일부분이라고 말했다. 스

만약에 골프 선수가 안 됐다면……

　　타이거의 팬클럽 홈페이지를 통해 많은 사람들이 타이거가 경기에 출전하지 않을 때는 무엇을 하는지 물어 왔다. 그의 대답은 바로 '골프를 친다'였다.

　　즉, 취미로 골프를 친다는 것이다. 타이거는 스탠퍼드 대학에서 경제학을 전공했다. 그는 프로 골프 선수가 되지 않았으면 아마 사업을 했을 것이라고 말했다. 골프 선수를 직업으로 삼지 않았다면, 취미로 골프를 쳤을 거라고 했다.

　　타이거는 결국 대학을 졸업하지 못했다. 하지만 그는 언젠가 학업을 마저 마치고 졸업장을 받고 싶다고 여러 번 말했다.

　　CBS 스포츠라인이 만든 타이거의 공식 팬클럽 홈페이지 주소는 http://www.clubtiger.com이다. 13세 이상이어야 회원으로 가입할 수 있다.

　　물네 살이 된 그는 자신에 대한 신뢰가 더 커졌고, 스스로 중요한 결정을 내려야 하는 일이 예전보다 많아졌다. 그의 새로운 대리인인 마크 스타인버그는 예전 대리인보다 더 친절했다. 또 새로운 캐디 스티브 윌리엄스도 예전 캐디보다 타이거의 의견을 잘 따랐다. 평론가들은 처음에 아버지가 정해 준 사람들과 결별한 그러한 변화가 타이거의 홀로서기 과정이라고 평가했다. 또한 그러한 변화는 타이거가 예전보다 느긋하고, 더 자신감에 넘치며, 성숙해졌음을 뜻하기도 했다. 하지만 정작 타이거 자신은 사람들의 평가에 별로 관심을 기울이지 않았고, 특히 캐디를 바꾼 것을 크게 신경 쓰지 않았다. 새롭게 팀을 정비한 젊은 슈퍼스타는 1999년보다 더 나은 해를 만들 준비를 끝마쳤다.

그랜드 슬램을 달성하다

　골프의 인기가 점점 높아지면서 팬들과 프로 선수들은 4대 주요 대회인 마스터스와 미국 오픈 선수권 대회, 브리티시 선수권 대회, PGA 선수권 대회에 집중하게 되었다. 이 4대 대회는 가장 경쟁이 치열하며, '그랜드 슬램'(한 해에 주요 4대 대회에서 모두 우승하는 것)이라고 알려져 있다. 4대 대회에서 모두 우승하는 것은 최고 중의 최고만이 달성할 수 있는 목표이다.

지금까지는 오직 한 선수가 그 중 3개 대회에서 우승했다. 바로 벤 호건으로, 그는 일정 때문에 1995년 브리티시 오픈 대회에 출전하지 못했었다. 그 후 1975년에 잭 니클라우스가 그랜드 슬램에 가장 가까운 기록을 세웠다. 그는 첫 번째 대회인 마스터스와 맨 마지막 대회인 PGA 선수권 대회에서 우승했다. 나머지 두 대회에서는 세 타 차로 우승을 놓쳤다.

　　타이거는 다른 프로 선수들과 마찬가지로 그랜드 슬램을 달성하는 것을 가장 커다란 목표로 세웠다. 한 해가 아니라 선수 생활을 하는 동안에 4대 대회에서 모두 승리하는 것만 해도 대단한 것이었다. 하지만 타이거는 2000년 마스터스 대회 첫 라운드에서 부진한 성적을 보이며 5위에 머물렀다. 그렇지만 그해 봄, 드디어 그의 골프채에 불이 붙기 시작했다. 미국 오픈과 유서 깊은 브리티시 오픈 선수권 대회에서 우수한 성적으로 우승을 거둔 것이다. 그리고 8월에 PGA 선수권 대회에 출전했을 때 이미 '공식적인' 그랜드 슬램은 물 건너갔지만, 전 세계의 골프 팬들은 여전히 타이거를 주시하고 있었다. 만약 타이거가 4개 대회 중 3개에서 우승한다면 약 30년 전에 세운 잭 니클라우스의 기록을 깰 수 있기 때문이었다.

'황금 곰'이라고 불렸던 니클라우스와의 비교는 그 이상의 의미가 있었는데, 마침 경기가 치러지던 장소가 골프장 건축가로서도 명성을 떨친 니클라우스가 설계한 뉴욕의 발할라 골프장이었던 것이다. 경기의 주최자인 니클라우스는 팬들의 관심을 끌기 위해 직접 경기에 참여하기도 했다. 타이거와 니클라우스는 첫 2라운드에서 한 조가 되었다.

첫날 타이거는 66타를 쳐서 스코트 던랩과 공동 선두에 올랐다. 둘째 날 시합을 끝마쳤을 때는 전체 133타로 던랩 선수를 1타 차로 앞섰다. 전성기를 훌쩍 넘긴 니클라우스도 처음에는 잘했지만 점차 뒤처졌다. 그는 148타를 기록해 본선에 진출하지 못했다.

타이거의 진정한 경쟁 상대가 밥 메이가 되리라고는 최종 2라운드 전까지는 아무도 예측하지 못했다. 그전까지만 해도 골프 팬들은 밥 메이라는 선수를 거의 알지 못했다. 타이거보다 몇 살 위인 메이는 캘리포니아에 있는 타이거의 고향에서 그리 멀지 않은 곳에서 자랐다. 타이거는 메이가 아마추어로서

세운 기록을 깨뜨렸다. 메이는 이곳 발할라 골프장에서야 비로소 프로로서의 가능성을 보여 주었다.

메이는 3라운드에서 66타를 쳐서 우즈에 1타 차로 뒤졌다. 마지막 라운드에서도 66타를 쳤지만, 그것은 타이거보다 한 타 적은 기록이어서 동점이 되었다.

발할라에서의 치열한 경기

다시 16번 홀에서 결승전이 시작되었다. 갤러리들은 더 열광하기 시작했다.

"매주 이렇게 많은 사람들이 성원하나요?" 사람들의 뜨거운 반응에 당황한 메이가 타이거에게 물었다.

"그렇습니다." 타이거는 짧게 대답했다.

타이거는 버디를 하였다. 7번 아이언으로 그린을 향해 약 155미터나 되는 장거리 샷을 날린 덕분이었다. 약 6.7미터에 이르는 퍼팅으로 한 타를 앞서게 되었다. 그는 다음 홀인 17번 홀에서도 그 점수 차를 유지했다. 한 타를 앞선 덕분에 마지막 홀에서 먼저 티샷을 날릴 수 있었다.

2000년 발할라에서 열린 PGA 선수권 대회에서, 아홉 번째 홀에서 버디를 잡는 순간의 타이거의 모습.

타이거가 친 샷은 오른쪽으로 나아가 골프 카트에 맞고 나무 사이로 튕겨 나갔다. 어찌되었든 잔디 위에 떨어졌다. 하지만 그 다음에 친 2개의 샷 때문에 결국 공이 벙커에 들어가고 말았다.

한편 메이는 세 번째 샷에서 공을 그린에 떨어뜨리려고 했다. 그가 친 공은 타이거의 공보다 홀에서 더 가까운 곳에 멈추었다. 타이거가 벙커에서 놀라운 샷을 날리지 않는 이상 메이는 이번 홀에서 승리를 거두고 단판 승부(동점인 경우 한쪽이 득점하게 되면 시합이 끝나는 연장전)로 돌입할 수 있었다.

모든 사람들의 시선이 벙커 쪽으로 걸어가는 타이거에게로 쏠렸다. 마침내 타이거의 모습이 시야에서 사라졌다. 그는 스윙 자세를 취했다. 갑자기 공이 벙커에서 홀 쪽으로 날아갔다. 공은 홀에서 약 45센티미터 떨어진 곳에서 멈추었다.

타이거는 헤드로 공을 가볍게 툭 쳐서 홀컵에 넣은 후 메이의 결과를 기다렸다.

메이의 공은 핀(깃대를 이르는 말)에서 약 5.4미터 떨어진 곳에 있었다. 타이거와 동점을 이루려면 장거리 퍼팅에 성공해야만 했다. 불가능한 일은 아니었지만 쉬운 일도 아니었다.

메이는 심호흡을 한 후 스윙을 했다. 공은 순조롭게 홀을 향해 나아가다가 홀 언저리에서 멈추고 말았다.

그렇게 해서 타이거는 3개 주요 대회에서 승리를 거두었다. 누가 보든지 그에게는 최고의 한 해였다.

Tiger Woods

07 타이거 슬램

타이거는 공이 홀에 들어가는 모습을 보고 그린에 꼼짝도 하지 않은 채 서 있었다. 공이 보이지 않는 것을 확인한 그는 두 손으로 얼굴을 감싸고는 눈물을 흘렸다.

타이거 우즈는 2001년 1월 31일, 페블 비치에서 연습 라운드를 끝마쳤다. 라커룸으로 가고 있을 때, 수많은 팬들이 사인을 요청하며 그를 둘러쌌다. 갑자기 그는 무릎을 접질렸다.

"저는 잔디 밖으로 나가고 있었어요. 수많은 팬들이 저를

◀ 2000년 PGA 선수권 대회에서 우승한 타이거는 '타이거 슬램'이라는 신기록을 달성했다.

둘러쌌죠. 그때 오른쪽에 있던 남자의 발목을 밟게 됐어요. 결국 제 무게 중심이 앞으로 쏠렸고, 그 사람의 무게 중심은 제 쪽으로 쏠렸어요. 그 순간 제 무릎에 이상이 생겼죠."라고 나중에 타이거는 설명했다.

골프장 내 피트니스 트레일러에 있던 물리치료사는 타이거의 인대가 늘어났다고 진단했다. 하지만 타이거는 엄청난 고통을 참으며 다리를 절면서 예정대로 경기에 출전하기로 했다. 결국 13위에 머물렀지만, 사인을 받으려고 몰려든 팬들 때문에 부상당한 것을 원망하지는 않았다. 하지만 아무리 기술과 재능, 정신력이 뛰어나고 승부욕이 강한 선수라도 예기치 못한 일을 당할 수 있음을 알게 되었다.

정체기

타이거는 정체기에 팬과 마주치게 되었다. 타이거가 2000년에 3개의 주요 대회에서 승리한 후 팬들과 해설자 그리고 다른 선수들은 타이거가 2001년 마스터스 대회에서 우승할 수 있을지에 지대한 관심을 보였다. 그들은 타이거가 3개 대회에서 우승한 것이 그랜드 슬램을 달성한 것이나 마찬가지라고 생각했다. 반면 한 해에 4개 대회에서 모두 우승해야만 그랜드 슬램이라고 주장하는 사람들도 있었다. 슬램이라는 말이 모든 선수권 대회을 포함한다고 덧붙이는 사람들도 있었다. 여하튼 4개 대회에서 연속으로 우승하는 것은 가장 뛰어난 기록이라고 할 수 있었다.

2001년 새해가 시작된 후 두 달 동안의 타이거의 성적을 보면, 사람들이 이러한 논쟁을 벌이는 데에는 그럴 만한 이유가 있어 보였다. 타이거는 1월과 2월에 그 어느 경기에서도 4위 이상의 성적을 거두지 못했다. 퍼팅 실력이 눈에 띄게 줄어들었다. 2000년 투어에서 2위였던 퍼팅 실력이 140위로 떨어졌다. 드라이버 샷의 거리도 지난여름보다 짧아졌다.

3월에 베이 힐 인비테이셔널이 열렸다. 타이거는 최종 홀에서 한 타 차로 필 미켈슨을 제치고 우승을 거두었다. 그것은 마치 메마른 땅에 내리는 단비처럼 오랜만에 거두는 우승이었다. 2주 후, 타이거는 플로리다의 퐁트 베드라에서 열린 플레이어스 선수권 대회에서 우승함으로써 2회 연속 우승 기록을 세

타이거는 2000년에 정상의 위치로 복귀했다. 그 사기를 계속 이어나가 2001년 3월에 플로리다 퐁트 베드라 비치에서 열린 플레이어스 선수권 대회에서도 우승했다.

웠다. 그는 스물여섯 번째 승리를 통해 다시 최상의 컨디션으로 돌아왔음을 온 세상에 보여 주었다. 마스터스 무대에 서기 위한 모든 준비가 끝난 것이다.

마스터스 대회의 부담감

매스컴의 과대 광고와 흥분이 뒤섞인 채 2001년 4월 첫째 주에 마스터스 대회가 드디어 막을 올렸다. 타이거는 첫 라운드에서 고군분투했다. 언론의 관심은 온통 뉴욕 롱아일랜드 출신의 무명 신인 선수 크리스 디마르코에게 향했다. 디마르코는 최초로 출전한 마스터스 대회에서 우승을 바라보고 있었다. 개막일에 7언더파 65타를 기록해 70타를 기록한 타이거를 5타나 앞서고 있었다.

그러나 이틀째 경기에서 타이거는 더 나은 성적을 거두었다. 그는 66타를 기록해 순조롭게 2위까지 올랐다. 하지만 디마르코는 10언더파로 1위를 달리고 있었다. 한편 미켈슨도 다른 뛰어난 선수들과 함께 1위를 다투었다.

타이거와 디마르코는 토요일에 3라운드를 함께 라운딩하였다. 3라운드에서는 디마르코가 전반 9홀까지 열심히 버텼지만 타이거는 가차없이 앞서가기 시작했다. 그는 13홀과 14홀에서 버디를 기록했고 15홀에서 가벼운 칩 샷으로 연속 3회 버디를 기록했다. 이렇게 3개 홀을 거치는 동안 디마르코의 사기는 꺾이고 말았고, 타이거는 선두자리를 확고히 지킬 수 있었다.

하지만 미켈슨은 아직 포기하지 않았다. 이제 그는 2위에 올랐다. 이제 한 타만 만회하면 한 달 전에 베이 힐에서 근소한 차이로 타이거에게 우승을 내준 것을 만회할 수 있었다. 자타가 공인하는 뛰어난 선수였지만, 미켈슨은 프로가 된 후 오직 타이거의 뒤만을 쫓고 있었다.

그는 에이피(AP) 통신의 기자에게 "전 마스터스에서 꼭 우승하고 싶습니다. 지난 1년이 아니라 10년 전부터 이 대회를 준비했습니다. 어린 시절 골프장에서 골프공을 집어 들었던 순간부터요."라고 말했다. 그 목표를 달성하기 위해 타이거 우즈와도 대결할 준비가 되어 있었다.

디마르코와 마크 켈커베키아는 2타 뒤져 있었다. 그 뒤로 데이비드 듀발과 어니 엘스가 바짝 뒤쫓고 있었다. 그들은 부족한 3타를 얼마든지 만회할 수 있는 실력을 갖춘 선수들이었다.

"타이거는 정말 호랑이처럼 경기를 하고 있어요. 절대 물러서지 않을 겁니다. 하지만 순위권에 든 선수들 중에는 뛰어난 선수들이 많아요."라고 엘스는 말했다.

"하루 종일 치열한 경쟁이 펼쳐질 겁니다."라고 디마르코는 예상했다. 그의 예상은 적중했다.

슬램을 위해

일요일 오후, 타이거는 첫 번째 티로 걸어갔다. 시원한 바람이 군중의 열기를 조금 식혀 주었다. 수많은 갤러리와 TV 시청자들이 모두 숨을 죽이며 지켜보는 가운데 타이거가 페어웨이로 드라이브 샷을 날렸다. 공이 골프채에서 폭발하듯 튀어나왔다. 주변의 팽팽한 긴장감이 공에 힘을 더한 것처럼 보였다. 하지만 공은 왼쪽으로 벗어나 러프(풀을 깎지 않은 지대로, 잡초, 나무 등으로 이루어짐)에 떨어졌다. 타이거는 그 홀에서 보기(홀의 규정 타수보다 1타 높은 점수로 공을 넣은 것)를 기록하는 바람에 불리해지고 말았다.

　타이거는 전반 9홀에서 미켈슨과 맞대결을 벌이며 제자리를 찾았다. 두 사람보다 앞서 경기를 치른 듀발은 후반 9홀에서 타이거와 동점이 되었다. 타이거도 집중력을 발휘해서 마침내 14번 홀이 끝났을 때, 2타 차로 앞서가기 시작했다.

　그러나 15번 홀에서는 쉬운 퍼팅을 한 번 실패해 미켈슨이 다시 1타 차로 바싹 쫓아왔다. 타이거는 16번 홀에서 기운이 빠졌는지 가까스로 파(홀의 규정 타수와 같은 점수)를 기록했다. 하지만 미켈슨도 부담을 느끼기는 마찬가지였다. 그는 티샷이 한쪽으로 치우치는 바람에 퍼팅을 하기가 어려워졌다. 결국 그 홀에서 보기를 기록했다. 그래서 타이거는 다시 두 타 앞서게 되었다. 듀발도 휘청거렸다. 그는 마지막 두 홀에서 확실히 성공할 수 있는 퍼팅을 실패하고 말았다. 그는 타이거보다 1타 뒤진 채 경기를 끝냈다. 타이거가 공을 잘못 쳐야 그에게 승리가 돌아갈 것이었다.

　타이거는 마지막 홀에서 티로 가면서 눈앞에 놓인 공에 온 정신을 집중했다. 그가 친 공은 페어웨이를 지나 벙커에 떨어졌다.

그 순간 갤러리들은 조용해졌다. 캐디인 스티브 윌리엄스가 타이거를 힐끔 쳐다보며 뭐라고 말하면서 웨지를 건넸다. 타이거는 다시 공을 바라보더니 마침내 스윙을 했다. 공은 68미터를 지나 홀에서 약 5.4미터나 떨어진 곳에 멈추었다. 무려 5.4미터였다. 타이거는 전에 그보다 더 가까운 거리에서의 퍼팅도 실패한 적이 있었다. 아무리 뛰어난 선수라도 마찬가지였다. 마스터스 대회에서는 공이 30센티미터, 아니 그보다 더 짧은 거리만큼 벗어나서 아쉽게 우승을 놓친 선수들이 무척 많았다.

하지만 그 순간 타이거는 역사도, 갤러리들도 잊어버렸다. 모든 것을 다 잊고 오직 공에만 정신을 집중했다. 그가 스윙을 하자 공이 앞으로 튀어나가더니 약간 옆으로 굽어졌다. 그리고 계속 후진하더니 홀로 들어갔다.

타이거는 스스로 자신의 역사를 썼다. 이제 해설자들은 그의 기록이 그랜드 슬램인가 아닌가에 대해 더 이상 논쟁하지 않았다. 언론은 2000년 미국 오픈, 브리티시 오픈, PGA 선수권 대회에 이어 2001년 4월에 마스터스 대회까지 4개 메이저 대회에서 우승한 타이거의 기록을 '타이거 슬램' 이라고 부르기 시작했다.

    타이거는 공이 홀에 들어가는 모습을 보고 그린에 꼼짝도 하지 않은 채 서 있었다. 공이 보이지 않는 것을 확인한 그는 두 손으로 얼굴을 감싸고 눈물을 흘렸다. 카메라 앞에서 처음으로 보인 눈물이었다.

'새로운 역사를 쓸 만한 선수'

    타이거가 열아홉 살 때, 얼은 아들이 '열네 개의 메이저 대회에서 우승할 것' 이라는 말을 했다가 사람들로부터 비난을 받았다. 이제 그 예측은 허황된 얘기가 아닌, 오히려 타이거의 능력을 과소평가하는 격이 되었다.

    잭 니클라우스는 미국 아마추어 선수권 대회에서 2회, 마스터스 대회에서 6회, 미국 오픈에서 4회, 브리티시 오픈에서 3회, PGA 선수권 대회에서 5회 우승했다. 그는 1960년대 뛰어난 실력과 더불어 황금빛 머리카락과 수수한 미소 덕분에 골프를 떠나 많은 유명세를 떨쳤다. 어떻게 보면 그는 예전 세대들에게 타이거 우즈와 같은 존재였다.

과연 타이거는 니클라우스만큼 잘할 수 있을까? "타이거는 새로운 역사를 쓸 만한 선수입니다. 그는 필요한 신체적, 정신적 조건을 모두 갖추었어요. 자신의 의지와 컨디션 조절이 관건이죠. 그는 프로로 전향하자마자 어마어마한 수익을 벌어들였습니다. 하지만 돈 문제를 제쳐 두고 승부욕을 계속 불태우며 자신의 명성을 잘 관리한다면 장기적으로 골프계에 막대한 영향을 미칠 수 있을 것입니다."라고 니클라우스는 말했다.

부자가 되다

2001년, 타이거는 현재 가장 뛰어난 골프 선수로 자리 매김했다. 그동안 벌어들인 수익도 어마어마했다. 해외 여러 나라에서 대회 주최 측은 타이거에 주는 초청 사례금을 200만 달러(약 20억 원)까지 올렸다. 또한 타이거는 나이키와 1억 달러(약 1,000억 원)에 이르는 새로운 계약을 맺었다.

타이거의 성공은 골프계에 여러 모로 큰 도움이 되었다. 그

'황금 곰' – 잭 니클라우스

골프의 전설, 잭 니클라우스(왼쪽)와 함께 한 타이거 우즈.

잭 니클라우스는 여섯 살 때 처음 골프를 시작했다. 하지만 본격적으로 골프에 빠져들기 시작한 것은 열일곱 살(1957년)이 되어서였다고 말한다.

2년 후 그는 미국에서 가장 뛰어난 아마추어 선수가 되었다. 1962년에 프로로 전향한 그는 역사상 최고의 골프 선수가 될 수 있는 가능성을 충분히 보여 주었다.

40년이 지난 지금도 사람들은 주저없이 그를 최고의 골프 선수로 뽑는다.

그는 전성기에 세계 곳곳에서 열린 약 100개의 경기에서 우승했으며, 황금색의 머리카락과 골프 선수로서의 유명세 덕분에 '황금 곰'이라는 별명이 생겼다.

그는 골프 대사뿐 아니라 골프장 건축가와 디자이너로서도 유명하다. 타이거 우즈를 비롯해 가능성이 뛰어난 신인 선수들은 모두 그와 비교된다.

니클라우스는 과연 타이거를 어떻게 평가할까? 그는 자신의 자서전 《잭 니클라우스의 골프와 나의 인생》에 이렇게 적었다.

"저는 1996년 마스터스 대회에서 아니(아놀드 파머의 애칭)와 함께 타이거와 연습 라운드를 하였어요. 그때 가까이서 그의 능력을 살필 수 있었습니다. 그 후 저는 언론에 타이거가 지금까지 내가 본 선수 중에 가장 기초가 튼튼할 뿐 아니라 어린 나이에 비해 무척 차분하다고 말했죠. 아주 상냥하고 매력적인 청년이라고 말이에요."

가 출전하는 경기는 시청률이 올랐으므로 광고뿐 아니라 우승 상금을 높일 수 있었다. 그가 프로로 전향한 후 PGA 경기의 참여율도 증가했고, 예전보다 더 많은 선수들이 기업과 광고 계약을 맺게 되었다. 『골프 월드』지의 조사에 따르면, PGA에서 상위 75%에 드는 선수들은 우승 상금과 광고 계약으로 각각 백만 달러 이상의 수익을 올렸다고 한다.

물론 거기에는 타이거의 공헌만 있었던 것은 아니다. 기업들은 골프 팬들 중 상당수가 스포츠를 제외하고는 접근하기 힘든 중장년층 남성이라고 말한다. "골프 팬들은 원숙한 중장년층들이에요. 교육 수준도 높고 경제적으로도 풍요로운 삼십오 세에서 오십 세들이 대부분이죠. 골프 덕분에 더 원숙하고 나이든 시청자들에게 접근할 수 있게 되었습니다."라고 뷰익(미국 GM 사의 승용차 상표명)의 광고를 담당한 톰 점프는 말했다.

하지만 타이거가 미친 영향력은 어마어마했다. 그는 2000

◀ 2001년, 멋지게 턱시도를 차려입은 타이거. 타이거는 그 해에 ESPY상(스포츠 채널인 ESPN이 각 부문의 최우수선수에게 주는 상)을 받았다(총 4회 수상). 또한 올해의 남자 선수상, 올해의 프로 골프 선수상, 선수권 대회 퍼포먼스상, 컴 프롬 비하인드 퍼포먼스상 등 4개의 상을 수상함으로써, 한때 마이클 조던과 똑같았던 자신의 기록을 깨뜨렸다.

타이거 우즈의 수상 내역

1984년
옵티미스트 인터내셔널 주니어 토너먼트에서 6회 중 첫 번째 우승.

1991~1993년
미국 주니어 아마추어 선수권 대회에서 최연소로 연속 우승.

1994~1996년
미국 아마추어 선수권 대회에서 최연소로 연속 우승.

1996년
8월에 프로로 데뷔하면서 바로 두 경기에서 승리. 『스포츠 일러스트레이티드』가 선정한 올해의 스포츠맨에 오름.

1997년
12타 차로 첫 마스터스 대회 우승. 첫 번째 16개 경기 중 5개의 PGA 경기에서 우승함으로써 최초로 최연소 랭킹 1위에 오름. 에이피 올해의 남자 선수상, PGA 올해의 선수상 수상.

1998년
성적이 부진했던 한 해. 세 경기에서만 우승. 연간 수익 180만 달러(약 18억 원)로 랭킹 4위.

1999년
PGA 투어 8개 경기 우승. 660만 달러(약 66억 원) 이상 수익을 올림. 에이피 올해의 남자 선수상, PGA 올해의 선수상 수상.

2000년
4개 메이저 대회 중 3개 대회에서 우승(미국 오픈, 브리티시 오픈, PGA 선수권 대회). 3회 연속 에이피 올해의 남자 선수상 수상.

2001년
마스터스 대회에서 두 번째로 우승. 2000년과 2001년에 걸쳐 타이거 슬램 달성. 4개의 메이저 대회에서 연속으로 우승한 첫 번째 골프 선수가 됨.

년에 PGA와 언쟁을 벌였다. PGA가 자신이 출전하지도 않는 경기에 자신의 이미지를 활용했기 때문이다. 그 후 그 문제는 금방 해결되었지만, 타이거가 원한다면 골프의 미래에 중요한 영향력을 행사할 수 있다는 사실이 여실히 드러난 사건이었다.

타이거는 워낙 유명하기 때문에 그의 행동 하나하나가 뉴스거리가 된다. 한 예로 2001년에 금발로 머리를 염색한 것과 머리를 삭발한 것이 큰 뉴스거리가 된 적이 있다. 그는 1997년과 1999년, 2000년에 에이피가 선정한 올해의 선수에 뽑힘으로써 골프의 위상을 한층 높였다. 『포브스』는 2001년에 그를 가장 영향력 있는 유명인사 2위로 선정했다. 해설자 밥 코스타스는 타이거 우즈가 단지 골프나 운동 선수가 아닌 한 시대를 상징하는 인물이라고 말했다.

"스포츠를 초월해서 시대 정신을 확립하는 선수야말로 진정한 스포츠 영웅이죠. 20년대의 베이브 루스와 60년대의 무하마드 알리, 90년대의 마이클 조던을 한번 떠올려 보세요. 타이거가 그들처럼 위대한 선수로 기억될 수 있을까요? 아직은 대답하기에 너무 이릅니다. 하지만 신화는 자라나고 있어요."

TIGER WOODS by Jeremy Roberts
Text copyright ⓒ 2002 by Jeremy Roberts
All rights reserved.
This Korean edition was published in 2006 by Sungwoo Publishing Company by arrangement of Twenty-First Century Books, a division of Lerner Publishing Group, 241 First Avenue North, Minneapolis, Minnesota 55401, U.S.A. through KCC(Korea Copyright Center Inc.), Seoul, Korea.

이 책의 한국어판 저작권은 (주)한국저작권센터(KCC)를 통해 저작권자와 독점계약한 도서출판 성우에 있습니다. 저작권법에 의해 한국 내에서 보호를 받는 저작물이므로 무단전재와 복제를 금합니다.

초판 1쇄 찍은날 | 2006년 7월 20일
초판 2쇄 찍은날 | 2008년 6월 10일

지은이 | 제레미 로버츠
옮긴이 | 정지현
펴낸이 | 주성우
펴낸곳 | 도서출판 성우
주소 | 121-839 서울시 마포구 서교동 383-18 진성빌딩 2층
전화 | 02-333-1324 **팩스** | 02-333-2187
출판등록 | 1999년 9월 28일 제22-1629호
홈페이지 | www.sungwoobook.com
이메일 | sungwoobook@paran.com
책임편집 | 노은정 김은경
편집 | 김효진
마케팅 | 주용현 조성덕 이효준 이국형 손귀자
꾸민곳 | DESIGN STUDIO 2о3 (02-323-2569)
디자인팀장 | 고성주 · **디자인** | 류하나 장훈 서영희 김장오 김지훈

ISBN 89-5885-044-2 74840
      89-5885-086-8(세트)   CIP 2006001231

● 책값은 뒤표지에 있습니다. 잘못된 책은 구입한 곳에서 바꿔 드립니다.

▬▬ **지은이 | 제레미 로버츠** Jeremy Roberts
어린이와 청소년을 위한 논픽션은 물론, 소설, 실용서에 이르기까지 폭넓은 작품을 선보이고 있는 작가이다. 《성 잔다르크》, 《비틀즈》 전기를 썼고, 최근에는 스카이다이빙과 암벽등반에 관한 책을 발표했다.

▬▬ **옮긴이 | 정지현**
충남대학교를 졸업하고 전문 번역가로 활동하고 있다. 《2배 빨리 2배 많이 야무지게 읽기》, 《내게 도움이 되었던 모든 것들》, 《경청의 기술》, 《호감도 관리》, 《어른이 되기 위해 알아야 할 100가지》, 《레모네이드 판매대를 넘어서》, 《진정한 나를 깨우는 자기발전 전략》 등을 번역했다.

▬▬ **사진 출처**
(주)토픽포토에이전시 | 5, 8, 14, 24, 31, 33, 36, 39, 42, 51, 54, 57, 66, 88, 93, 102, 107, 109, 136쪽
(주)유로포토서비스 | 10, 18, 46, 63, 77, 119, 122, 126, 134쪽
연합포토 | 73쪽
CBS Photo Archive/Hulton Archive/Getty Images | 84쪽
John M. Burgess/Time&Life Pictures/Getty Images | 96쪽